Christopher Klütmann / Thorsten Isack

Führung im Dialog
Wer braucht was von wem?

Illustriert von Tanja Wehr

Vandenhoeck & Ruprecht

Bibliografische Information der Deutschen Nationalbibliothek:
Die Deutsche Nationalbibliothek verzeichnet diese Publikation in der
Deutschen Nationalbibliografie; detaillierte bibliografische Daten sind
im Internet über https://dnb.de abrufbar.

© 2020, Vandenhoeck & Ruprecht GmbH & Co. KG, Theaterstraße 13, D-37073 Göttingen
Alle Rechte vorbehalten. Das Werk und seine Teile sind urheberrechtlich
geschützt. Jede Verwertung in anderen als den gesetzlich zugelassenen Fällen
bedarf der vorherigen schriftlichen Einwilligung des Verlages.

Umschlagabbildung: Khakimullin Aleksandr/Shutterstock.com

Satz: SchwabScantechnik, Göttingen
Druck und Bindung: ⊕ Hubert & Co. BuchPartner, Göttingen
Printed in the EU

Vandenhoeck & Ruprecht Verlage | www.vandenhoeck-ruprecht-verlage.com

ISBN 978-3-525-45914-0

Inhalt

Vorwort 7

1 Interview Anne und Stefan Lemcke – Start-up-Unternehmen 10

2 Interview Dr. Sven Kloninger – Finanzsektor 28

3 Interview Dr. Jan Gloßmann – Gesundheitswesen 39

4 Interview Jutta Kleinschmidt – Motorsport 53

5 Interview Marie Isack – Gastronomie 74

6 Interview – Stiftungswesen 91

7 Interview Frank Kellenberg – Pharmazeutische Industrie 109

8 Interview Christian Fehling – Automobilbranche 125

9 Interview Thorsten Isack und Christopher Klütmann 149

Danksagung 166

Literatur 168

Vorwort

Liebe Leserinnen und Leser,

wir haben uns als Kollegen oft über unsere praktische Arbeit, Wahrnehmungen und Beobachtungen ausgetauscht und immer wieder festgestellt, dass Führung nicht gleich Führung ist. Die Rolle der Führungskraft wird durch eine einzigartige Persönlichkeit verkörpert, die sich dennoch in den Grenzen von Unternehmenskultur oder Organisationslogik bewegen muss. Dieses Spannungsverhältnis hat uns neugierig gemacht. Wie gehen erfolgreiche Führungskräfte damit um? Welche Ressourcen, Fähigkeiten und Strategien sind erforderlich? Welche Chancen und Perspektiven sind mit den unterschiedlichen organisatorischen und kulturellen Kontexten verbunden? Was ist das Spezifische, das Besondere im Rahmen von Führung, wenn man am Steuerrad eines wendigen kleinen Start-up-Unternehmens steht oder einen »Supertanker« der deutschen Industrie lenkt? Darüber sind wir mit ganz unterschiedlichen Führungskräften in einen Dialog getreten. Und so sind acht spannende und abwechslungsreiche Interviews entstanden, die Einblicke in Führung ganz unterschiedlicher Systeme ermöglichen. Acht Interviews, die sich zu lesen lohnen, wie wir finden. Subjektiv, individuell und persönlich – und so vielfältig, wie Führungskräfte es sind.

Im letzten und neunten Kapitel haben wir uns als Autorenteam selbst einige Fragen aus den Interviews gestellt. Dabei sind spannende Einsichten entstanden, die uns selbst verwundert haben. Wie unterschiedlich und gleichzeitig ergänzend unsere Perspektiven auf das Thema »Führung« sind. Wir scheinen das beste Beispiel dafür zu sein, dass Führung nicht gleich Führung ist und vielfältige Betrachtungen und Zugänge möglich sind.

Das Buch richtet sich an alle, die sich auf eine angemessen ungewöhnliche Art mit dem Phänomen Führung auseinandersetzen möchten. Es ist gleichermaßen für junge Führungskräfte und »alte Hasen« gedacht. Beratende und Coaches sind ebenfalls angesprochen und entdecken hoffentlich nützliche und anregende Impulse für ihre Arbeit und ihr Nachdenken darüber. Die Interviews stehen für sich, sodass Sie mit dem Kontext einsteigen können, der Sie besonders interessiert.

Wir haben uns beim Lesen der Interviews gefragt und darüber ausgetauscht: Welche theoretische Folie fällt uns dazu ein oder was wären hilfreiche Fragen oder Übungen aus unserer Praxis, die in Resonanz mit dem Text bei uns entstehen? Insofern können Sie uns ein Stück weit beim Denken und Diskutieren zusehen. Dieses Buch ist aufgrund unserer Erfahrungen und Neugier entstanden, und so erheben wir keinen Anspruch auf Vollständigkeit der einzelnen Theorien, Fragen oder Übungen. Es ist eine subjektive Auswahl, entstanden beim Lesen der Interviews. Wir haben diesen »Metadialog aus Theorie und Praxis« bewusst reduziert gehalten. Er liefert Ihnen kleine Impulse zum an- und weiterdenken.

Zur besseren Lesbarkeit haben wir zwei Icons entwickelt, die den Theorieteil und den Praxisteil markieren:

Input aus der Praxis
Die Praxisteile liefern hilfreiche, themenbezogene Fragen und Übungen für ein Coaching oder eine Beratung. Sie referenzieren auf die jeweilige Interviewsequenz, bei der sie platziert sind. Wir machen hier konkrete Angebote, wie man als Coach oder Beraterin an dieser Stelle vertiefend mit Kunden arbeiten könnte.

Was sagt die Theorie?
Die Theorieteile bieten analog zu den Praxisteilen eine Vertiefung des Textes und der von den Interviewpartnern getroffenen Aussagen. In kurzen, knapp zusammengefassten Texten und Modellen werden Hintergründe ausgeleuchtet und zur Verfügung gestellt. Wer neugierig wird beim Lesen, findet im Literaturverzeichnis die weiterführenden Titel.

Zusätzlich haben wir eine Grafikerin gebeten, das gesprochene und das geschriebene Wort zu lesen und dazu ebenfalls in Resonanz zu gehen. Worte sind meistens beschränkt und können uns nur einen Teil der wahrgenommenen Umwelt zur Verfügung stellen. Aus diesem Grund arbeiten wir mit Visualisierungen; sie können nochmal eine andere Wahrnehmung zur Verfügung stellen.

Sie sehen schon, unser Ziel ist es, Sie auf mehreren Ebenen anzusprechen. Mit dem Wissen, dass meistens ein kreativer Prozess beginnt, wenn wir uns mit Texten, Fragen und Bildern auseinandersetzen.

Liebe Leserinnen und Leser, so spannend das Zusehen und Beobachten auch sein mag: Am Ende heißt es doch »in Bewegung kommen«. Selbst in Aktion gehen mit neuen Gedanken und Ideen, denn Führen heißt auch entscheiden.

Für die Entstehung dieses Buch haben wir uns viele Stunden mit dem Thema »Führung« auseinandergesetzt. Bei all den guten Beispielen und inspirierenden Aufbrüchen, die wir kennenlernen durften und von denen wir viel lernen konnten, ist uns doch eines klar geworden: Es braucht eine neue, aktive Auseinandersetzung mit dem Phänomen der Führung. Nicht nur im Kontext von Unternehmen und Organisationen. Unsere Gesellschaft, so meinen wir, muss sich über ihre Leitidee von Führung Gedanken machen.

Wir erleben einen Populismus, insbesondere vom rechten Rand, der unsere Gesellschaft zunehmend spaltet. Achtsamkeit, Wertschätzung, Klarheit, Menschlichkeit – all diese Tugenden, die wir mit guter Führung verbinden – drohen an Wertschätzung und Relevanz zu verlieren. Das bereitet uns Sorgen. Diese Entwicklung fordert uns auch aus der Perspektive der Führung. Wie wollen wir Führung in Zukunft leben? Wer braucht was von wem? Wie können wir einen gesamtgesellschaftlichen Dialog anregen, der uns wieder in Achtsamkeit und Anerkennung zueinander bringt und in Frieden mit allen unseren bunten Einzigartigkeiten zusammenleben lässt? Wir meinen: Führung in Organisationen zu reflektieren, kann ein Beitrag zur Lösung sein. Wir alle sind Teil von Organisationen und erleben tagtäglich, wie Miteinander gelingen kann. Und wie es scheitert, wie Verletzungen und Missachtung, Wut und Frustrationen entstehen. Aus diesen Beobachtungen und Erfahrungen können wir lernen – für uns und für die Gesellschaft, in der wir leben. Führung besitzt eine gesellschaftliche Kraft, auf die es heute wieder ankommt: Fangen Sie an!

Wir wünschen Ihnen viel Freude beim Lesen und der aktiven Auseinandersetzung mit dem Phänomen Führung.

Ihr Autorenteam
Christopher Klütmann und Thorsten Isack

1 Interview Anne und Stefan Lemcke – Start-up-Unternehmen

Worum geht's?
Junges Unternehmen, Unternehmerpaar, gelassen – Loslassen – Aufnehmen, schnelles Wachstum, Führen heißt Verantwortung abgeben, Stärken stärken und ausbauen, mit Selbstvertrauen und Mut Neues wagen.

Führung bedeutet für uns:
Menschen motivieren, Menschen abholen und mit auf eine Reise nehmen. Das bedeutet: Versteckte Kräfte wecken, Lust auf Arbeit machen, Spaß am Job haben!

Freiheiten lassen und Eigeninitiative wecken. Allerdings gehört dann auch dazu: Richtungen vorgeben, Werte vorleben und Grenzen aufzeigen, wenn zu weit gegangen wird. Ein guter Chef sollte eine Mischung aus Vorbild, Freund und Lehrer sein.

Kurzbiografie:
Anne und Stefan Lemcke haben die Geschmacksmanufaktur Ankerkraut im Jahre 2013 gegründet. Anne kommt aus Bochum und hat unter anderem in Australien Marketing studiert. Sie war lange in der Musikindustrie in verschiedenen Firmen tätig, bevor sie sich entschied, Gewürze zu verkaufen. Stefan ist in Tansania und Sambia (Ostafrika) aufgewachsen und war Programmierer, bevor er sich als Onlinemarketing-Experte selbständig machte. Beide haben Kenntnisse in Marketing, IT, Design und Onlinehandel – sie sind somit bestens gerüstet, um ein eigenes Unternehmen im Bereich der FMCG (Fast Moving Consumer Goods) zu führen. Ankerkraut hat mittlerweile hundert Angestellte und macht achtstellige Jahresumsätze. Das Ehepaar hat zwei Kinder, reist gerne und beide sind Tier- und Outdoor-Liebhaber.
Kontakt: lotse@ankerkraut.de, www.ankerkraut.de

STEFAN LEMCKE Hallo, mein Name ist Stefan Lemcke, ich habe am 01.01.2013 die Ankerkraut GmbH mit der Idee gegründet, dass ich Gewürzmischungen herstellen möchte. Das Ganze aber etwas anders machen wollte als das, was auf dem Markt war. Da gab es ein Segment, in dem alles sehr preiswert war, und ein sehr gutes Segment, das aber viel zu teuer war. Ich war als Kunde einfach unzufrieden, mir fehlte etwas auf dem Markt. Da habe ich eine Lücke gesehen, in die wir hinein wollten. Die GmbH-Gründung ist ein bisschen später gewesen. Aber am 01.01.2013 hatte ich ein gemietetes Büro und eine Garage in Hamburg-Wilhelmsburg.

Mitte Februar war der Markenname *Ankerkraut* da, den wir entwickelt haben. Und dann kam die Verpackung. Dann habe ich Rohstoffe eingekauft, Qualitäten überprüft, ins Labor gegeben, gemischt, gekocht und wieder gekocht, es meinen Freunden gezeigt, der Familie gezeigt und so weiter, und so weiter. Mitte 2013 kamen wir auf den Markt, erst einmal nur online, bei Amazon und in unserem eigenen Onlineshop. Anne war damals schwanger. Das erste Kind war schon da.

ANNE LEMCKE Leo war neun Monate alt.

STEFAN LEMCKE Und du warst schwanger mit Ida.

ANNE LEMCKE Genau.

STEFAN LEMCKE Das erste Jahr war ein bisschen holprig und natürlich anstrengend. Alles selber machen, den Onlineshop selbst bauen, alle Produkte selbst entwickeln, den Einkauf, die Werbung.

Tja, Ende des Jahres haben wir dann gemerkt, es funktioniert irgendwie. Zum Weihnachtsgeschäft hin haben wir unsere erste Mitarbeiterin eingestellt, und das ging dann so weiter. Wir sind eigentlich jedes Jahr umgezogen. Heute sind wir an einem Punkt, wo wir auf zweieinhalbtausend Quadratmetern mit knapp hundert Leuten arbeiten.

Die erste Mitarbeiterin ist immer noch da. Zwischendurch haben wir uns auch schon von Leuten getrennt oder die sich von uns.

ANNE LEMCKE Aber wir haben sehr viele Leute aus der ersten Riege, die immer noch mit dabei sind. Und die auch mit uns wachsen. Das ist bei uns ganz speziell und irgendwie auch besonders.

STEFAN LEMCKE Der Vibe, den man den Leuten so mitgibt, dass die quasi dieses Gefühl, das wir auch im Unternehmen haben, dieser Funken, der da überspringt, den tragen sie einfach mit. Das heißt, die Leute, die Studenten, die bei uns früher die Pakete eingepackt haben und mit mir zusammen die Gewürze abgefüllt haben, …

ANNE LEMCKE … sind jetzt in Führungspositionen.

STEFAN LEMCKE Ja, die sind heute Vertriebsleiter, Logistikleiter.

ANNE LEMCKE Es gab auch einige, die mit diesem Wachstum nicht zurechtgekommen sind. Für manche war das dann zu viel, die haben gesagt: »Wieso? Ist doch alles gut so, wozu wachsen?« Wir haben aber Blut geleckt und gemerkt, dass wir hier eine Rakete starten können.

Verändern vs. Bewahren

Wenn wir Anfragen für Coaching oder Teamentwicklung bekommen, entsteht ganz oft die Idee, dass dies mit Veränderung verbunden ist. Der Gegenpol, das Bewahren, wird viel zu wenig in den Fokus genommen. Wie hier im Interview beschrieben, gibt es immer auch die »Bewahrer«, für die Veränderung eher bedrohlich ist. Sie sollten gehört werden, denn sie erfüllen möglicherweise eine wichtige Funktion im System.

Hilfreiche Fragen

- Wer profitiert am meisten davon, dass es so ist, wie es jetzt ist?
- Und wer würde davon profitieren, wenn es sich verändern würde?
- Was genau kennzeichnet die Veränderung?
- Wer beschreibt was auf welche Weise und welche Unterschiede werden deutlich?
- Wer steckt gerade die meiste Zeit (Energie, Raum) ins Verändern oder ins Bewahren?
- Nehmen wir mal an, alles würde so bleiben, wie es ist, wofür wäre das gut?
- Welches Bild entsteht, wenn Sie an die Zukunft (ein Jahr, fünf Jahre etc.) denken?
- Was darf sich auf keinen Fall verändern?

- Wer gibt das Tempo an, wer darf auf die Bremse treten und wer fährt nur mit?
- Mal angenommen, es gelingt Ihnen ein Sowohl-als-auch, wie könnte das aussehen?

ANNE LEMCKE Das war im ersten Jahr nicht so. Was auch ganz wichtig ist zu sagen, ich glaube, das unterscheidet uns von anderen Start-ups, dass es bei uns nie so geplant war, wie es jetzt ist. Wir haben nie einen Businessplan gemacht. Wir haben nie gesagt, so, 2019 haben wir hundert Mitarbeiter und machen 16,2 Millionen Euro Umsatz.

Wir haben gedacht, es wäre ja cool, wenn wir 2019 unsere Familie davon ernähren können und vielleicht fünf, sechs Mitarbeiter haben.

STEFAN LEMCKE Heute haben wir aber einen Businessplan und einen Finanzplan.

ANNE LEMCKE Ja, das stimmt. Aber ganz am Anfang war es so gedacht, dass wir unsere Familie davon ernähren können und unser Produkt hier in der Region auf irgendwelchen Märkten verkaufen. Dass sich das Ganze dann so entwickelt, kam ja erst so nach einem, anderthalb Jahren.

INTERVIEWER Gab es ein einschneidendes Erlebnis oder eine Beobachtung von außen? Kam das von euch oder kam das eher von außen?

ANNE LEMCKE Dass wir das gemerkt haben?

INTERVIEWER Ja.

ANNE LEMCKE Du hast deine eigene Version und ich eine andere.

STEFAN LEMCKE Früher war das noch so, da hast du jede Bestellung angeguckt und gedacht: Oh Gott, wer hat da bestellt? Und ich habe für jede eingegangene Bestellung eine E-Mail erhalten.

An Weihnachten im ersten Jahr war es dann so, dass wir da standen und eingepackt haben. Dann machte es, während wir einpackten: Bing. Bing. Bing. Bing. Ich habe mir gedacht: Was ist das denn? Und da habe ich gewusst: Okay, warte mal, du hast hier irgendwas, was den Leuten gefällt, die Marke, das Produkt.

Start-up-Unternehmen

ANNE LEMCKE Ich denke, dass der Punkt da war, als unser erster Händler Anfang 2014 auf uns zugekommen ist und gerne eine Händlerliste von uns haben wollte. Das Verrückte war, das war jetzt nicht ein Feinkostladen aus Wilhelmsburg, also ich sage jetzt mal hier aus der Ecke, sondern er kam aus dem südlichen Freiburg. Wir fragten uns erstmal: Wo ist das und wie kommen die denn auf uns?

Dann kamen die ersten Bestellungen von Leuten, die wir nicht kannten. Am Anfang waren es natürlich Familie, Tante, Onkel, Oma, Freunde, die gesagt haben »Ach komm, bestell doch mal. Die Armen, die machen da jetzt was mit Gewürzen und die unterstützen wir mal.« So wie man das halt macht. Und dann kamen die anderen Bestellungen.

STEFAN LEMCKE Wir hatten auch gar kein Geld, dass wir das Marketing machen konnten. Das war alles aus unserem eigenen Cash, 30.000 Euro oder so. Was zwar viel Geld ist, aber für eine Unternehmensgründung, wenn du Produkte herstellst, ja eigentlich nichts.

INTERVIEWER Ich finde es total spannend, wie ihr beschreibt, dass etwas aus einer Leidenschaft heraus entsteht. Erst mit einer Idee verbunden: Komm, wir machen es, weil wir Bock darauf haben. Und dann wird es auf einmal groß, man plant es gar nicht, es passiert einfach. Wie steht ihr denn grundsätzlich zum Thema »Entwicklung«? Was bedeutet Entwicklung für euch?

ANNE LEMCKE Sich selber entwickeln oder alles entwickeln?

INTERVIEWER Gute Frage.

STEFAN LEMCKE Wir entwickeln beides, muss ich sagen. Damit man das mal mit Praxis füllen kann, erzähle ich euch von meiner ersten Einstellung. Ich war davor auch schon selbständig. Das war aber immer so eine One-Man-Show. Jetzt war der Punkt da, die erste Mitarbeiterin einzustellen. Das war die Frau von unserem Postmann, der immer bei mir saß und Kaffee getrunken hat, damit ich noch schnell zwei, drei Sachen einpacken kann, die er dann noch mitnimmt. Wir wollten unsere Bestellungen immer zeitnah bedienen. Er fragte mich: »Sag mal, du hast so viel zu tun, willst du nicht mal jemanden anstellen?« »Wie anstellen?« »Jemanden, der herkommt und hier arbeitet.« »Wie herkommt?« »Ja, meine Frau sucht gerade was.«

Dann weiß ich noch genau, wie ich einen Tag später bei mir drinnen stand und gesehen habe, wie eine Frau zu uns kommt und so gezittert hat. Ich habe meine Hände angeguckt und gesehen, dass ich auch zittere. Da habe mir gedacht: Ach du Scheiße, du bist ja total nervös. Dann klopft sie an die Tür, ich mache die Tür auf und sie stellt sich vor: »Ja, hallo, ich bin Melli.« »Melli, du brauchst gar nicht nervös zu sein. Ich bin mindestens genauso nervös. Komm bitte einfach rein. Ich glaube, du hast den Job schon.«

Das war unsere erste Mitarbeiterin. Die letzte Mitarbeiterin, unsere Personalleitung, haben wir mit einer externen Personalberatung gesucht, um das Bewerbungsgespräch etwas systematischer aufzubauen. Meine Güte, da sind wir jetzt hingekommen. Ja, es gibt also eine Entwicklung.

ANNE LEMCKE Uns ist superwichtig, dass es menschlich passt. Wir haben einen externen Berater, der hat immer gesagt: »Oh, bei Ankerkraut, da menschelt es aber sehr.« Aber das macht es auch irgendwie aus.

ANNE LEMCKE Jetzt haben wir hundert Mitarbeiter. Wir sind ein produzierendes Gewerbe, deswegen haben wir auch so viele Mitarbeiter. Um die fünfzig Prozent sind in der Produktion, Versand, Lager und Logistik tätig, die anderen fünfzig Prozent in der Verwaltung.

Heute sind wir vier eingetragene Geschäftsführer. Dann kam Timo. Der hat sich dieses Knäuel angeguckt und hat gesagt: »So, und jetzt kommt hier der Strukturhammer.« Das war echt hart. Wir haben aber auch gemerkt, dass manche Mitarbeiter total nach Struktur geschrien haben, seitdem wir so groß geworden sind. Manche haben aber auch gesagt: »Was soll das denn jetzt, was machen wir denn jetzt hier?«

STEFAN LEMCKE Freigaben, Organigramme, Leute, die anderen vorgesetzt sind. Auf der einen Seite sagen die Mitarbeiter »Wir möchten gerne mehr Strukturen haben«, und dann kommst du und stülpst das darüber, dass du z. B. bis 1.000 Euro selbst entscheiden kannst. Auf der anderen Seite ist es ungewohnt für sie, einen Vorgesetzten zu haben, der alles darüber verantwortet.

ANNE LEMCKE Das tut erst einmal weh und wir haben uns ja hierhin entwickelt. Jetzt können wir auch viel mehr Verantwortung abgeben.

INTERVIEWER Ihr habt vier Ebenen?

ANNE LEMCKE Ja.

STEFAN LEMCKE Bei hundert Mitarbeitern finde ich das schon ganz schön viel. Aber wir nennen uns auch ein »Konzernchen«.

> *Wir nennen uns auch ein KONZERNCHEN!*

STEFAN LEMCKE Es ist ja trotzdem alles noch supermenschlich und ich genieße das total. Ich muss jetzt nur noch mit vier oder fünf Mitarbeitern Absprachen treffen und nicht mehr mit hundert.

ANNE LEMCKE Es gibt auch immer wieder Situationen, da sehen wir irgendwas im Internet und denken: Was machen wir denn jetzt? Wer hat das denn entschieden? Warum ist die Wand in unserem Store in Hamburg grün? Ich wollte die doch gerne blau haben. Gefällt mir jetzt ja gar nicht. Wir erwischen uns dabei noch oft und …

INTERVIEWER Let it go.

ANNE LEMCKE Ja, let it go. Es ist ihr Team, ihre Entscheidung. Man kann natürlich Dinge hinterfragen, aber man muss die Leute auch mal machen lassen.

> *Man kann natürlich Dinge hinterfragen, aber man muss die Leute auch mal machen lassen.*

STEFAN LEMCKE Es ist ein stetiger Prozess, dass man merkt, hier passiert etwas, das gefällt uns nicht. Dann müssen wir einen Schritt zurückgehen, neue Regeln machen, die implementieren und dann wieder in das Organigramm mit einbringen.

INTERVIEWER Jetzt hast du ja gerade gesagt, dass, bedingt dadurch, dass ihr ein »Konzernchen« seid und vier Ebenen eingezogen habt, es auch ein bisschen darum geht, ein bisschen freier zu werden. Was erwartet ihr von euren Führungskräften?

STEFAN LEMCKE Supergute Frage, die wir uns nicht so, aber anders übersetzt fast jeden Tag stellen.

ANNE LEMCKE Also unsere Bereichsleiter, sind, bis auf eine Person, mit uns gewachsen und haben sich auch mit uns entwickelt. Sie tragen auch den Ankerkraut-Spirit mit sich. Wir sprechen ganz viel. Ganz, ganz, ganz viel.

ANNE LEMCKE Wir geben die Impulse und wir lassen unsere Kollegen, also wir sagen eigentlich nicht »Mitarbeiter«, sondern »Kollegen«, auch eigenständige Entscheidungen treffen. Wir wissen auch, dass das mal schiefgehen kann. Und wenn es dann schiefgeht, dann sind wir nicht hier in der Küche und hauen denen den Kopf ab, sondern sagen: »Hey, das ist jetzt richtig Scheiße gelaufen, aber okay, daraus haben wir wieder etwas gelernt.«

Man denkt immer, wenn man auf ein Start-up guckt, es ist alles so leicht und easy-going, alles super. Nein, es passieren unheimlich viele Sachen, die natürlich nicht nach außen getragen werden. Es geht auch unheimlich viel schief, wo wir auch Fehler machen, aber dann nicht den Kopf in den Sand stecken, sondern sagen, okay, wir müssen jetzt schnell agieren.

Das können wir, dadurch, dass wir halt ein »Konzernchen« oder ein Speedboat sind. Wir sagen uns: »Da haben wir daraus gelernt, schieb es zur Seite, wir machen es irgendwie neu und anders.«

> »Wenn Sie Fehler vermeiden, indem Sie keine Risiken eingehen, entgehen Sie vielleicht dem Zorn Ihres Chefs oder Ihrer Kunden – Sie werden aber auch kein besonderes Lob für etwas ernten. Auf Nummer sicher zu gehen führt nur allzu oft in einen ölig wabernden, faden Sumpf der Gleichgültigkeit, Gähn! Die kleineren und größeren Katastrophen, von denen ich spreche, sind nicht nur Lernerfahrungen – nach denen Fehler berichtigt werden, Instrumente neu justiert und Kurse korrigiert werden –, sondern sie selbst sind die ersten frühen Begegnungen mit dem Erfolg« (Kessels, 2018, S. 8).

ANNE LEMCKE Lass uns nochmal auf seine Frage eingehen.

STEFAN LEMCKE Deine Frage war: Was verlange ich von meinen Führungskräften? Also, wenn du mich so fragst, dann sage ich, sie sollen alle Entscheidungen so treffen, wie ich sie auch treffen würde.

INTERVIEWER Sie sollen also in deinen Kopf gucken?

STEFAN LEMCKE Im Optimalfall … und das können sie natürlich nicht. Es gibt nur eine Lösung und die heißt Kommunikation. Möglichst alle Sachen, so wie ich sie gerne hätte, zu erklären und zu kommunizieren. In alle Ebenen. Denn woher sollen sie es wissen, wenn sie es nicht gesagt kriegen?

Entweder kriegen sie es gesagt oder sie suchen es sich selber aus. Sie kriegen es gesagt, heißt für mich, ich habe tierisch viel Arbeit. Sie suchen es sich selber aus, heißt, ich habe keine Arbeit, aber dann ist die Wand halt grün oder blau. Wir fahren bei uns einen vernünftigen Mittelweg.

Meine Frau fragt manchmal: »Wieso ist die Wand jetzt blau? So eine Scheiße.« Und dann sage ich: »Ey, da gibt es nur eine Lösung. Du musst den Leuten sagen, dass du die Wand in Grün haben möchtest. Woher sollen die das denn wissen?« »Ja, aber ich habe dafür keine Zeit.« »Dann musst du dir entweder die Zeit nehmen oder du musst es akzeptieren. Es gibt nur diese beiden Möglichkeiten.«

Wenn man eine Organisation entwickeln möchte, wenn man wachsen möchte, muss man das einfach lernen. Das tut manchmal weh, aber ich finde, bis jetzt haben wir es ganz gut gemacht. Ich kriege so langsam auch das Gefühl, das bei uns ein bisschen Ruhe rein kommt. Also Ruhe in diese Entwicklung, nicht ins Wachstum.

> *Dann musst du dir entweder die Zeit nehmen, oder du musst es akzeptieren. Es gibt nur diese beiden Möglichkeiten.*

Gelassenheit könnte durch Loslassen entstehen …
- An welcher Stelle gelingt es Ihnen gut, Dinge zu unterlassen?
- Was entsteht dadurch für Sie?
- Was ist der Gewinn für Sie?
- Wenn Sie etwas lassen, was nehmen Sie dafür auf?
- Was ist der heimliche Wert von Loslassen und Aufnehmen?
- Woran könnte ich erkennen, dass Sie gelassen sind?

INTERVIEWER Wo seht ihr euch denn in fünf Jahren?

STEFAN LEMCKE Anne hat mir letztens ein Bild geschickt von so einer kleinen Insel mit einem Haus, und darüber steht: Ich hasse Menschen, hier lebe ich. Manchmal träume ich davon. Von einer Insel, zu der ich dann irgendwann hinziehen kann.

Nein, wir haben auch einen festen Plan, wo wir in fünf Jahren stehen. Wir haben einen festen Umsatz, ein festes Umsatzziel. Davon abgeleitet auch eine feste Personenanzahl. Es steht auf jeden Fall ein Umzug an und wir wollen unsere Produktion wieder inhouse haben, die ist teilweise outgesourct. Wir haben einen festen Plan, wie es werden soll. Und wir beide sehen uns auch noch im Unternehmen. Vielleicht deutlich weniger operativ.

ANNE LEMCKE Darüber haben wir uns gestern und vorgestern noch ganz viel unterhalten. Wenn du guckst, was ist bei diesen, gerade familiengeführten, Unternehmen los, dann geht es einfach nur um Macht. Wer ist jetzt hier der Nächste? Wenn das nicht klar durch irgendwelche Erbabfolgen geregelt ist. Es geht eigentlich immer nur um Macht, und gar nicht darum, ist diese Person die Richtige für diesen Job. Sondern die kämpfen dann um den Vorstand oder was auch immer.

Und was ich in letzter Zeit total bei Stefan bewundere, ist, dass Stefan, und ich glaube, da gehört sehr viel Größe zu, bereit ist, Macht abzugeben. Also Stefan war eigentlich der Kopf des Ganzen und könnte sich sagen: »Ich bin hier so ein geiler Kerl, ich mache das hier alles alleine.« Aber ich glaube, unsere Stärke ist es, auch Schwächen einzugestehen und zu sagen: Was können wir eigentlich und was können wir nicht? Dahin muss man sich selber hin entwickeln und eingestehen, dass es Menschen gibt, die in manchen Bereichen besser sind.

Er ist nicht mehr der lonely wolf. Ich glaube, das ist die moderne Art der Führung, dass man nicht sagt so: »Hier bin ich der König des Gewürzimperiums, und jedes Gramm Salz, das irgendwo eingekauft wird, geht über meinen Schreibtisch.«

Du hast mir ja auch den Raum gegeben, dass ich mich persönlich entwickeln und selbst verwirklichen kann. Diese Frage bekommen wir auch ganz oft gestellt. Mann, Frau und hier sind auch noch zwei kleine Kinder. Wenn man jetzt mal ganz ehrlich ist, wie viele Unternehmen kennt man, wo der Mann supererfolgreich ist und die Frau sitzt zu Hause, weil der Mann das vielleicht auch ganz gerne so möchte. Also wir kennen da einige.

STEFAN LEMCKE Und das ist in der Praxis manchmal nicht ganz einfach. Dann fährt sie auf ein Event und schickt mir abends schöne Bilder und ich mache hier den Schülerlotsen.

INTERVIEWER Das ist Arbeitsteilung.

ANNE LEMCKE Ja, und ich glaube, dass es bei uns auch so ist, dass wir uns das gegenseitig auch zugestehen. Weil er weiß, dass ich nur so glücklich sein kann. Und ich weiß, dass er nur so glücklich sein kann.

INTERVIEWER Ist das denn eigentlich ein anderer Führungsstil, den ihr lebt? Oder würdet ihr sagen, das ist Führung, so wie ich es auch in anderen Unternehmen beobachten kann? Oder würdet ihr sagen, nein, wir haben da schon etwas für uns Passendes entwickelt?

STEFAN LEMCKE Absolut. Also wir sind beide auch komplett anders. Ich bin so der ganz Nette. Ich gehe immer den Weg des geringsten Widerstandes. Was nicht immer gut ist.

INTERVIEWER Hast du keinen Bock auf Konflikte?

STEFAN LEMCKE Ich habe keinen Bock auf Konflikte.

ANNE LEMCKE Nur mit mir.

STEFAN LEMCKE Ja.

INTERVIEWER Das ist was anderes. Das nennt man Liebe.

STEFAN LEMCKE Das mache ich gerne. Ich habe keine Lust auf Konflikte. Bei uns arbeiten fast nur noch Leute, die selber entscheiden, was sie machen wollen, und ich trage diese Entscheidungen mit. – *Sie* wird geliebt und gefürchtet. Über mich wird gesagt: »Och, Stefan, der ist supernett. Ein supernetter Chef.« So. Wir sind Good Cop und Bad Cop. Und ich bin total froh darüber.

ANNE LEMCKE Also ich lobe sehr viel. Ich bin diejenige, die diese ganzen Mitarbeiterbindungsgeschichten macht. Betriebsausflüge, Weihnachtsfeiern, Weihnachtsgeschenke, Osterhasen, Nikoläuse, whatever, Partys, das kommt alles von mir.

Das Tolle an unserem Führungsteam ist, dass wir alle komplett unterschiedliche Stärken und Schwächen haben. Wir ergänzen uns.

STEFAN LEMCKE Das glaube ich auch. Ich bin auch überzeugt, dass die unterschiedlichen Mitarbeiter so auf uns zugehen. Das kann man ja auch nicht benennen. Aber ich bin mir sicher, dass die das schon wissen. Nach vielen Jahren wissen die, wie sie mit mir reden müssen oder wie sie mit ihr reden. Das glaube ich schon.

Ist dann ja auch so, man stellt ja auch Leute ein, die besser zu einem passen.

ANNE LEMCKE Eine Einkäuferin, die ist auch nur zahlenbasiert, oder ein Einkäufer. Guckt wie ein Terrier, wo kriege ich noch bessere Preise und so weiter. Und das interessiert natürlich jemanden aus dem Finanzbereich viel mehr als jemanden aus dem Marketing. Und deswegen sprechen die auch nicht direkt miteinander, sondern wir haben es schon so aufgeteilt, dass die Menschen mit den Menschen zusammenarbeiten, mit denen sie auch dieselbe Sprache sprechen.

ANNE LEMCKE Genau. Aber das ist auch ein bisschen mit das Geheimnis zum Erfolg, dass der Alex unseren Finanzplan so sehr im Griff hat, dass wir, was uns wahrscheinlich von sehr vielen anderen Start-ups unterscheidet, dass wir Gewinne machen, und zwar seit dem Jahr zwei, seit 2014.

Wir möchten kein Wachstum um jeden Preis. Deswegen erreichen wir auch immer unsere Zahlen. Und da sind wir eigentlich totale Spießer. Auf der einen Seite ist es so ein bisschen dieses junge, dynamische, aber auf der anderen Seite sind wir sehr bodenständig mit einem spießigen Finanzplan.

STEFAN LEMCKE Kommen wir mal zurück zum Thema »Führung«. Da habe ich mir auch irgendwann mal Gedanken drüber gemacht, was für ein Chef möchtest du eigentlich sein? Was ist das, was einen Chef ausmacht?

Für mich habe ich erkannt – und das versuche ich auch in meinem Unternehmen täglich umzusetzen: Beständigkeit ist das Wichtigste. Das bedeutet, du sagst heute: »Ich möchte gerne Projekt A, und morgen heißt es immer noch Projekt A und nicht Projekt B.« Und das ist, finde ich, mit das Wichtigste, was einen guten Chef ausmacht, dass der einfach eine straighte Linie hat, wo die Mitarbeiter wissen: Ich weiß einfach, mein Chef tickt so und so, das und das hat er gesagt, das meint er auch so.

Und wenn es dann mal an den Punkt kommt, dass man etwas ändern muss, dann gehe ich auch zu den Kollegen hin, entschuldige mich und sage: »Hey, ich habe mir da nochmal Gedanken gemacht drüber, aus den und den Gründen glaube ich, dass meine Entscheidung damals nicht ganz richtig war. Das müssen wir nochmal revidieren. Lass uns bitte nochmal zusammen hinsetzen und überlegen, ob das richtig ist oder ob wir was anderes machen. Wie sind deine Ideen dazu?«

Also Beständigkeit geben, dass die Mitarbeiter einfach wissen, das ist hier der Kurs, das ist die Marschrichtung, und alle gehen zusammen in eine Richtung, alle ziehen zusammen an einem Strang. Man hat weniger Interessenkonflikte und alle wissen, was ihr Job ist. Auch die Führung von Menschen leitet sich an dem Ziel ab. Du weißt, soundso viel Umsatz wollen wir machen, soundso viele Mitarbeiter müssen wir haben, die und die Projekte müssen wir in diesen Ländern umsetzen. Damit wir da hinkommen, wie viele Leute brauchen wir dafür? Was müssen die Leute machen? Natürlich wird man im täglichen Doing immer noch ein paar Sachen ändern, aber so definiere ich Führung für mich. Und da habe ich gemerkt, dass ich das nicht alleine kann. Ich brauche andere Menschen, die Sachen können, die ich nicht kann. Zum Beispiel kann meine Frau viele Sachen besser als ich. Ich kann auch manche Sachen besser als meine Frau.

ANNE LEMCKE Und jetzt sag nicht, dass ich besser schimpfen kann.

STEFAN LEMCKE Nein, das ist einfach deine Art.

INTERVIEWER Würdest du denn sagen, dass man Führung lernen kann?

ANNE LEMCKE Ja.

STEFAN LEMCKE Ja. Erstmal brauchst du dieses Unternehmer-Gen. Egal, ob du einen Konzern oder einen Laden mit zwanzig Menschen leitest, du brauchst dieses Unternehmer-Gen. Den Willen, mehr zu leisten als andere. Vorbildfunktion zu haben und tragen zu können. Das kannst du mit einem Marathon vergleichen. Ich höre nicht bei Kilometer zwanzig auf, weil mir die Füße wehtun, sondern ich laufe weiter. Weil ich weiß, die Mitarbeiter laufen hinter mir. Die dürfen nicht sehen, wie ich jetzt anhalte, ich halte das jetzt durch.

ANNE LEMCKE Was für mich auch ganz wichtig bei Führung ist, ist Wertschätzung. Und Wertschätzung schiebt sich durch alle Bereiche, auch den persönlichen. Und das wird ganz oft vergessen. Gestern hat unser Investor bei

Facebook eine Lobeshymne auf uns geschrieben. Und ich denke: Geil, ich freue mich total, dass du das schreibst, aber das sind nicht nur Anne und Stefan, die das gemacht haben, sondern das ist unser Team und ohne unser Team hätten wir das nicht. Wir empfangen alle unsere Mitarbeiter mit offenen Armen und sagen: »Hey, schön, dass du da bist« und »Schön, dass du Teil des Ganzen sein kannst«.

Wertschätzung am Arbeitsplatz
- Wodurch entsteht Wertschätzung bei Ihnen am Arbeitsplatz?
- Woran würden Sie eine wertschätzende Atmosphäre erkennen?
- Welche Gesten gehören für Sie dazu?
- Was können Sie konkret dafür tun, dass eine wertschätzende Haltung in Prozessen und Strukturen Ihrer Organisation erkennbar wird?
- Was denken Sie, woran würden es die Kolleginnen und Kollegen erkennen?
- Was würden die sich wünschen?

STEFAN LEMCKE Und nochmal zurück, kann man Führung lernen?

ANNE LEMCKE Ja.

STEFAN LEMCKE Ja, kann man. Guck dir die inhabergeführten Unternehmen mit tausend Mitarbeitern an, wo du Unternehmensnachfolger hast. Eigentlich funktioniert das immer relativ gut. Die fahren die Unternehmen nicht an die Wand. Also glaube ich schon, dass man Führung lernen kann.

ANNE LEMCKE Wir haben das doch auch erst einmal lernen müssen, wie das ist, wenn man auf einmal nicht nur für sich und seine Kinder die Verantwortung hat. Wir haben Verantwortung für hundert Leute, dass die was zu essen auf dem Tisch haben.

STEFAN LEMCKE Letztens haben wir eine Rede vor ca. tausend Menschen gehalten. Vor sechs Jahren hätte ich mich das gar nicht getraut. Heute gehe ich auf die Bühne, nehme das Mikro in die Hand und sage: »Schönen guten Morgen, wir sind Anne und Stefan von Ankerkraut und wir erzählen euch heute was.« Das haben wir gelernt, ganz klar.

INTERVIEWER Ich habe mir ein paar Videos von euch angeschaut und mir gedacht: Die beiden sind ja wirklich sympathisch. Ihr seid ja auch sehr authentisch. Das ist genau so, wie wir es jetzt gerade erleben. So erleben es ja auch eure Mitarbeiter. Und das ist ein tolles Modell.

ANNE LEMCKE Ja, ich glaube schon.

STEFAN LEMCKE Das ist ja auch was ganz Persönliches. Egal, ob man irgendwo Chef ist oder was weiß ich. Das ist einfach eine menschliche Frage. Wie bist du als Mensch? Und wir sind so. Deshalb ist das auch meine Frau geworden, deshalb bin ich auch ihr Mann geworden.

INTERVIEWER Es ist eine große Stärke, das nach außen zu zeigen. Ich kenne viele, die sind so wie ihr, aber die sagen: »Das kann man doch nicht nach außen zeigen, das geht doch nicht.« Ihr macht es. Ich finde das eine Riesenstärke von euch beiden. Deshalb würde ich auch sagen, schmeißt jeden Coach oder jeder Trainer nach zwei Minuten raus, der versucht, euch das abzutrainieren. So wie ich euch erlebe, seid ihr unglaublich krass in eurer Beziehungsarbeit. Da springt auch was rüber. Und es ist auch sehr unterhaltsam, euch zuzugucken und euch zuzuhören.

STEFAN LEMCKE Das sagt unser Marketingleiter aber auch immer.

INTERVIEWER Ich glaube, dass das auf alle anderen in eurem Unternehmen wirkt.

INTERVIEWER Wollen wir eine Speed-Runde drehen? Eine Speed-Runde machen wir ganz gerne immer am Ende. Das heißt, wir geben euch jetzt einen Begriff und ihr assoziiert kurz und knackig.

ANNE LEMCKE Also jeder von uns oder nur einer?

INTERVIEWER Och, da ihr so schön unterschiedlich seid: Wir könnten hin und her gehen. – Anne. Wachstum bedeutet für mich?

ANNE LEMCKE Anstrengend.

STEFAN LEMCKE Mein Leben.

INTERVIEWER Mein spannendster Fehler war?

STEFAN LEMCKE Soll ich ehrlich sein? Zum Glück keiner.

ANNE LEMCKE Ich habe keine Antwort, wirklich nicht. Ich weiß nicht.

STEFAN LEMCKE Ich habe zum Beispiel kein Abitur gemacht, ich habe nicht studiert. Das würde ich heute, rückblickend, als Fehler sehen. Aber irgendwie auch nicht. Guck doch mal an, was ich hingekriegt habe. Und das habe ich vielleicht nur so aus dem Grund hingekriegt.

INTERVIEWER Lernen bedeutet für mich?

ANNE LEMCKE Wachsen.

STEFAN LEMCKE Immer weitermachen. Anstrengung, manchmal monoton. Aber durchhalten wie einen Marathonlauf, das ist für mich Lernen.

INTERVIEWER Was brauchen Führungskräfte, junge Führungskräfte, am Anfang?

STEFAN LEMCKE Empathie.

ANNE LEMCKE Realismus.

INTERVIEWER Kontrolle ist?

ANNE LEMCKE Nicht schön, aber manchmal nötig.

INTERVIEWER Teamentwicklung heißt für mich?

ANNE LEMCKE Menschen zum Besten ihrer eigenen Möglichkeiten machen.

STEFAN LEMCKE Wahnsinn. Kann ich nur unterschreiben.

INTERVIEWER Delegation heißt?

STEFAN LEMCKE Lernen, Sachen nicht selber zu machen, und zu akzeptieren, dass sie nicht so gemacht werden, wie ich es gemacht hätte.

ANNE LEMCKE Ja. Auch Dinge abgeben und akzeptieren können, dass es vielleicht auch mal nicht so läuft, wie man das selber gerne oder selber machen würde.

INTERVIEWER Gutes Coaching ist für mich?

STEFAN LEMCKE An meine Situation angepasste, echte Praxishilfen.

ANNE LEMCKE Gutes Coaching ist für mich, dass es manchmal auch wehtut.

STEFAN LEMCKE Ja. Tut es auch.

Coaching tut manchmal auch weh
Das könnte man auch »Wachstumsschmerz« nennen. Nur außerhalb der Komfortzone ist Veränderung möglich und das ist nicht immer angenehm. Unserer Erfahrung nach könnte es sich lohnen, in einem geschützten Rahmen mit einem ausgebildeten Coach ins Ventilieren und Reflektieren zu gehen.

INTERVIEWER Unternehmer*in zu sein heißt?

STEFAN LEMCKE Du wirst mitten im Meer ausgesetzt: In welche Richtung schwimmst du jetzt? Für mich persönlich ist Unternehmer sein die einzige Möglichkeit, in meinem Leben zu arbeiten.

INTERVIEWER Unsere Mitarbeiter wünschen sich von uns oder von mir?

ANNE LEMCKE Nochmal eine Fahrt in den Heide-Park. – Unsere Mitarbeiter wünschen sich von mir oder von uns mehr Aufmerksamkeit. Dass wir öfter da sind. Und mehr Präsenz.

STEFAN LEMCKE Wir sind noch sehr nahe dran an allen Leuten, aber wir können nicht mehr für jeden da sein.

INTERVIEWER Wovon ab sofort mehr und wovon ab sofort weniger?

STEFAN LEMCKE Mehr Freizeit, weniger Verantwortung, wäre jetzt das Erste, das mir in den Kopf kommt.

ANNE LEMCKE Das antwortest du als Stefan Lemcke, Papa von Leo und Ida, nicht als Unternehmer. Ich wünsche mir noch mehr tolle Kollegen, weil wir gerade wahnsinnig viele offene Positionen haben.

STEFAN LEMCKE Wenn ihr mich als Unternehmer fragt, ich wünsche mir mehr Wachstum und weniger Stress mit den Mitarbeitern. Das beschäftigt uns am meisten.

INTERVIEWER Wenn ihr uns jetzt sagen würdet, dass ihr das nicht hättet, dann würde ich sagen: »Bei euch stimmt was nicht. Da müsstet ihr jetzt mal hingucken.« Das ist normal.

ANNE LEMCKE Wir haben ja gesagt, dass wir wahnsinnig viel unterwegs sind, aber neunzig Prozent unserer Zeit, in der wir keine Termine haben, sprechen wir über unsere Kollegen. Was ist gerade wo los? Bei hundert Leuten ist immer irgendwas los.

INTERVIEWER Welche Frage hättet ihr noch gerne von uns gestellt bekommen?

ANNE LEMCKE Ich hätte gerne noch die Frage gehabt, was unsere Stärken und Schwächen im Führungsstil sind.

STEFAN LEMCKE Ich hätte gerne die Frage gehört: Wieso ist euer Employer Branding so geil, dass ihr zweihundert Bewerbungen auf eine Stellenausschreibung kriegt?

INTERVIEWER Das ist ein schönes Schlusswort.

2 Interview Dr. Sven Kloninger – Finanzsektor

Worum geht's?
Transformationen und Übergänge aktiv als Führungskraft gestalten, Entscheidungen treffen, in Kontakt gehen, Kontakt gestalten, das »Jetzt« nutzen, Haltung macht den Unterschied.

Führung bedeutet für mich:
… für mein Team ein fairer Partner und zuverlässiger Unterstützer bei der Umsetzung strategischer Ziele, operativer Leitplanken sowie der individuellen Entwicklung zu sein. Wichtigste Grundlage ist dabei, die zentralen Werte Vertrauen, Fairness und Verantwortung nicht nur ernst zu nehmen, sondern auch vorzuleben. Konstruktive Diskurse und gemeinsame Meinungsbildung sind hierbei explizit erwünscht, da sie helfen, tragfähige und vorteilhafte Lösungen zu erreichen.

Kurzbiografie:
Nach meinem Abitur hatte ich viele Ideen für Studienfächer, aber noch keine Entscheidungsreife. Nach einem Überbrückungsjahr in zwei Produktionsbetrieben folgte eine Banklehre. Das anschließende Studium der BWL war dann der nächste, logische Schritt. Während im Studium und bei meiner anschließenden Promotion vor allem Themen wie Strategie und Unternehmensführung im Vordergrund standen, habe ich mich im Verlauf meiner Karriere thematisch immer an Dingen orientiert, die ich noch lernen wollte. Meine Stationen in zwei verschiedenen Unternehmensberatungen haben geholfen, schnell und nachhaltig dazuzulernen. Das Ende meiner Beraterkarriere markierte dann den Beginn einer Laufbahn im Projektmanagement einer Bank. Dort war ich als Projektleiter engagiert und bin es aktuell als Führungskraft. Die vertretenen Themen waren und sind dabei breit gefächert, von Risiko-Controlling, über Compliance zu Firmenkunden und Transaction Banking bis hin zu Kapitalmarktthemen aller Art.

INTERVIEWER Bitte stellen Sie sich zu Anfang unseres Interviews kurz vor. Wer sind Sie und wo finden wir Sie? Wen oder was verantworten Sie?

DR. SVEN KLONINGER Hallo, ich möchte einführend gerne darauf hinweisen, dass ich im Rahmen des Interviews als Privatperson und nicht als offizieller Vertreter meines Unternehmens meine Standpunkte teilen werde. Mein Name ist Sven Kloninger. Nach meinem Abitur hat mir mein Vater empfohlen, »mach mal eine Ausbildung, bevor du anfängst zu studieren, das bringt Sicherheit.« Ich habe mich seinem Rat angeschlossen und eine Bankausbildung gemacht. Nach der Bankausbildung habe ich festgestellt, dass BWL mir liegt, und habe studiert. Am Ende des Studiums habe ich extern, das heißt ohne direkten Lehrstuhlbezug, promoviert. Mit Hilfe eines Stipendiums konnte ich meine Doktorarbeit abschließen und habe parallel gearbeitet. Danach bin ich bei Ernst & Young Unternehmensberater geworden. Dort hat es mit der Projektarbeit angefangen. Danach bin ich zur DZ BANK gewechselt, wo ich 2012 als Projektleiter angefangen habe. Ich wollte mehr Einfluss auf das, was im Unternehmen passiert, sodass ich dann Gruppenleiter geworden bin.

INTERVIEWER Wie alt sind Sie?

DR. SVEN KLONINGER 44.

INTERVIEWER Wie viele Mitarbeiter verantworten Sie?

DR. SVEN KLONINGER Zwischen zwölf und 14 Mitarbeitern.

INTERVIEWER Was bedeutet Führung für Sie?

DR. SVEN KLONINGER Es bedeutet Erfüllung und Spaß.

INTERVIEWER Was ist das Erfüllende daran?

DR. SVEN KLONINGER Ich habe jeden Tag mit Menschen zu tun, die mit Themen auf mich zukommen, mich fragen, sich mit mir beraten. Das macht mir einen Riesenspaß. Ich habe Verantwortung dafür, meine Mitarbeiter weiterzuentwickeln. Das gefällt mir einfach.

Ich habe auch Mitarbeiter, die älter sind und auf ihr Karriereende zugehen. Da stehen andere Themen im Vordergrund.

Finanzsektor

Umgang mit unterschiedlichen Altersstrukturen im Unternehmen
- Was brauchen Mitarbeiter, die kurz vor dem Ruhestand stehen?
- Welche Themen könnten relevant sein?
- Welche Herausforderungen gibt es an die Führungskraft?
- Von welchen Ressourcen und Erfahrungen können die unterschiedlichen Altersgruppen profitieren?
- Welche Kultur für die Gestaltung von Übergängen gibt es in der Organisation?
- Wie werden »die Alten« gewürdigt und »die Neuen« begrüßt?
- Wie werden heterogene Altersstrukturen aktiv in Prozesse und Strukturen eingebunden?

INTERVIEWER Wie würden Sie Ihre Rolle als Führungskraft definieren?

DR. SVEN KLONINGER Ein Stück weit als Vorbild. Jemand, der die Richtung kommuniziert. Ansonsten moderiere ich den Prozess der Meinungsbildung. Als Gruppenleiter sehe ich mich in einer besonderen Rolle. Mein Team besteht aus Fachleuten, die auch selbst Führungskräfte in Projekten sind. Hier gibt es Bedarf an Diskussionen, wenn es Überschneidungen gibt. Wir müssen viel miteinander reden, damit sich die Reibungsverluste in Grenzen halten und sich jeder mit seinen Projekten gesehen fühlt.

INTERVIEWER Wer trifft dann die Entscheidung? Wenn Sie sagen, Sie moderieren, das hört sich so an, als ob die anderen die Entscheidungen treffen.

DR. SVEN KLONINGER Ich treffe die Entscheidung, wenn mir das von meinen Vorgesetzten gelassen wird. Ich lasse mich natürlich auch auf Diskussionen ein. Ich glaube, aus einer Diskussion kommt man mit mehr raus, als wenn ich das alleine mache.

»Wir glauben schon lange nicht mehr daran, steuern zu können, was Menschen fühlen, denken, sagen oder tun. Wir setzen nicht bei einzelnen Personen an und auch nicht bei kleinen Gruppen.

> Unser Fokus ist die Struktur von Treffen, die wir so gestalten, dass die Gruppe Dinge tun kann, zu denen Einzelne allein nicht in der Lage sind. Wir messen den Erfolg eines Treffens an der erweiterten Fähigkeit der Gruppe, Probleme selbst zu lösen und eigenständig Entscheidungen zu treffen« (Weisbord u. Janoff, 2011, S. 59).

INTERVIEWER Wie haben Sie es gelernt zu entscheiden?

DR. SVEN KLONINGER In einer Unternehmensberatung passiert das stündlich. Da passiert immer etwas, wo ein Kunde sagt, so, jetzt muss ich aber wissen, wohin wir gehen. Links oder rechts lang.

INTERVIEWER Würden Sie eine Entscheidungsfindung als Prozess beschreiben?

DR. SVEN KLONINGER Wenn ich die Zeit dafür habe: ja. Wenn ich keine Zeit habe und mein Chef sagt, pass auf, du kannst jetzt entscheiden links oder rechts: Dann ist das eine Bauchfrage. Bauch sage ich deswegen, weil es dann sehr schnell geht und im Wesentlichen auf kumuliertem Erfahrungswissen basiert. Ich bin aber nicht in der Lage zu sagen, was in meinem  Kopf bis dahin alles abgelaufen ist. Das kommt wirklich auf die Entscheidungssituation an. Wenn es schnell sein muss, dann ist es Bauch. Ansonsten ist es ein Prozess.

Wie kommen wir zu Entscheidungen?
Daniel Kahneman unterscheidet in seinem Buch »Schnelles Denken, langsames Denken« (2014) zwei Systeme des Denkens und Handelns. System eins als schnelles, emotionales und intuitives System und System zwei als logisches, eher langsames und reflektiertes Denksystem. Beide Systeme bestimmen unsere Handlungsweise und die Art Entscheidungen zu treffen, wobei System eins (emotional, intuitiv) den größeren Einfluss hat.
Kahneman sieht den Menschen als hochgradig irrational handelndes Wesen. Warum sonst kaufen wir Produkte, die sich (oft) nur durch ein Logo von anderen unterscheiden, aber um ein Vielfaches mehr kosten

> (z. B. ein Auto)? Das Produkt wird mit Emotionen verknüpft. Entsprechend entscheiden wir.
> *Ähnlich ist es beim Thema »Führen«.*

Prozess der Entscheidungsfindung
- Mit welcher Zuschreibung oder Bewertung verknüpfe ich Mitarbeiter A oder B?
- Mit welcher Einstellung oder Haltung verknüpfe ich meinen Auftrag?
- Welche Vorerfahrungen gibt es mit dem Mitarbeiter? (Stichwort: selbsterfüllende Prophezeiung, »er/sie hat bis jetzt immer gut gearbeitet«)
- Welches Risiko bin ich bereit einzugehen? (den »neuen« Mitarbeiter kann ich noch nicht einschätzen)
- Auf welcher nachprüfbaren und »objektiven« Faktenlage beruht meine Entscheidung?
- Auf welchen Erfahrungen beruht meine Entscheidung?
- Mal angenommen, ich würde anders entscheiden als sonst, was könnte entstehen?
- Wie würde ich mein Muster für Entscheidungen beschreiben?
- Und wie erlebe ich mich in Entscheidungsprozessen?

INTERVIEWER Würden Sie sagen, dass man Führung lernen kann?

DR. SVEN KLONINGER Facetten davon ja.

INTERVIEWER Welche?

DR. SVEN KLONINGER Zum Beispiel, wie man moderiert, wie man Entscheidungsprozesse angeht. Was man schwer lernen kann, ist vielleicht, wie man auf Mitarbeiter eingehen kann, sie zu verstehen, zu wissen, was sie antreibt. Das ist nicht jedem gegeben und es ist eine Erfahrungssache. Deswegen ist es umso wichtiger, dass wir als Führungskräfte seitens der Bank bei unserer Weiterentwicklung intensiv unterstützt werden.

INTERVIEWER Was erwarten Sie von einer externen Begleitung, wenn Sie Coaches oder Supervisoren beauftragen, die Sie auf Ihrem Weg in Richtung Führungskraft unterstützen würden?

DR. SVEN KLONINGER Ich persönlich würde mir an so einer Stelle erhoffen, dass sie mir mit der Erfahrung weiterhelfen, die sie selbst gemacht haben. Ich möchte erkennen, an welcher Stelle ich mich geistig um mich selbst drehe. Ich bräuchte einen Anstoß, in welche Richtung ich mich bewegen könnte.

INTERVIEWER Ein Feedback?

DR. SVEN KLONINGER Ja, genau.

Feedback
Irvin Yalom beschreibt in »Der Panama-Hut« (2010) das Arbeiten im »Hier und Jetzt« als eine der für beide Seiten gewinnbringendsten Methoden. Was passiert gerade (im Jetzt) zwischen Coach und Kunde (im Hier). Zwei wesentliche Grundannahmen Yaloms sind die Wichtigkeit der zwischenmenschlichen Beziehung sowie die Vorstellung des Coachings als »sozialem Mikrokosmos« (Yalom, 2010, S. 62).
Die Idee ist, wenn sich der Kunde im Alltags- oder Berufsleben bei bestimmten Situationen fordernd, ängstlich, arrogant, dominant, verführerisch etc. verhält, zeigt sich dies – wenn die Coaching-Sitzungen nicht zu sehr strukturiert werden – auch in den jeweiligen Sitzungen.
Wenn der Coach dieses Verhalten zur Sprache bringt (Ich-Botschaft der eigenen Wahrnehmung, wie wirkt es auf Sie?), kann dies einen großen Mehrwert für den Kunden haben.
Ich erlebte den Geschäftsführer eines großen Unternehmens beim Thema »Weihnachtsansprache« als sehr gehemmt. Ich fragte ihn, wie alt er sich gerade fühlt, wenn er von diesem Thema spricht. Er schaute überrascht, lachte dann und sagte »Zwölf Jahre – ich muss vor der Klasse ein Referat über Weihnachten halten – und bin nicht vorbereitet«. Die Beteiligten erleben oftmals eine Blockade, die sie über ihr Verhalten ausdrücken. Durch die Spiegelung des Coaches erhalten sie einen anderen Zugang und ggf. eine Auflösung der Blockade.

INTERVIEWER Wenn Sie sich für einen Coach entscheiden würden, nach welchen Kriterien würden Sie ihn aussuchen?

DR. SVEN KLONINGER Spontan würde ich sagen, es sollte jemand sein, der Erfahrung mit meinem Thema hat, also Führungserfahrung. Ich persönlich würde jemanden bevorzugen, der nicht aus der Bankenbranche kommt, weil ich glaube, dass jemand mit einer ganz anderen Sicht sehr hilfreich sein kann. Derjenige sollte auch ungefähr gleich alt sein. Meiner Erfahrung nach kommt man dann viel schneller auf eine persönliche Ebene im Sinne von wir verstehen uns gut, haben ähnliche Hintergründe.

INTERVIEWER Der Beziehungsaspekt wäre wichtig, damit Sie sich entwickeln können?

DR. SVEN KLONINGER Ja, genau.

INTERVIEWER Welches Setting wäre denn hilfreich für Sie?

DR. SVEN KLONINGER Am liebsten wäre es mir, wenn das jemand wäre, der auch mal dabei ist, wenn ich ein Gruppenmeeting, ein Eskalationsgespräch oder einen Einzel-Jour-Fixe habe. Also jemand, der wirklich zuschauen kann und dabei ist.

INTERVIEWER Welche Führungskomponenten sind für Sie maßgebend? Was sind Ihre Leitplanken?

DR. SVEN KLONINGER Zuverlässigkeit. Ich sage, was ich tue, und ich tue, was ich sage. Das heißt, ich spiele kein Spielchen. Ehrlich und fair. Man muss sich drauf verlassen können: Wenn ich etwas sage, dann ist das so. Dann stimmt das, dann habe ich nichts dazugedichtet. Ich bin authentisch.

Leitplanken der Führungskomponenten
Die Top-Fähigkeiten von Führungskräften:
- Charakterstärke
- Präsenz
- Intellekt
- Selbstreflexion
- Empathiefähigkeit
- Resilienz

(nach dem Handbuch der US-Armee »Leader Development«, FM6–22, 2009, S. 14, hier *über die Eigenschaften von Offizieren*)

Auch wenn man dem Militär vielleicht kritisch gegenübersteht, gibt es in diesem Bereich (traditionsgemäß) den größten und ältesten Erfahrungsschatz zum Thema »Führung«. Wie führe ich in komplexen, unüberschaubaren und ständig wechselnden Situationen? Die oben beschriebenen Top-Fähigkeiten helfen jeder Führungskraft – auch in friedlichen Kontexten.

INTERVIEWER Welche Fehler würden Sie als Führungskraft heute nicht mehr machen? Oder was würde Ihnen heute nicht mehr passieren?

DR. SVEN KLONINGER Der Fehler, den ich nicht mehr machen würde, ist, zu unterschätzen, wie wichtig es für meine Mitarbeiter ist, einen persönlichen Kontakt zu mir zu haben. Auch mal einen Kaffee auf dem Flur zu trinken.

Am Anfang habe ich mit allen Termine gemacht und gesprochen, habe mich vorgestellt. Und habe dann das Feedback bekommen, es wäre schön, wenn du einfach mal so mal bei uns reinkommst und wir ein Gespräch über das Wochenende führen oder so. Ich habe das damals nicht für angeraten gehalten. Das hat mir aber deutlich gemacht, dass sich meine Mitarbeiter wünschen, sich auch mal privat auszutauschen. Das habe ich am Anfang unterschätzt.

INTERVIEWER Oder mal zum Geburtstag zu gratulieren?

DR. SVEN KLONINGER Ja, genau.

Finanzsektor

INTERVIEWER Ich würde gerne nochmal auf den Kontext kommen. Wir haben die Idee, dass Führung auch kontextabhängig ist. Wenn Sie mal in Ihrer Organisation schauen, welche Funktion erfüllt Führung für sie?

DR. SVEN KLONINGER In einer sehr hierarchiegetriebenen Organisation ist es mitunter ein Kommunikationsinstrument für den Vorstand, für die Bereichsleitung. Also eine Kaskade. Soll heißen, am Ende dem Gruppenleiter zu sagen, pass mal auf, so sieht die neue Strategie aus, das sind unsere Ziele und das wird jetzt bitte gemacht. Ich drücke das jetzt sehr vereinfacht aus.

INTERVIEWER Also Führung als Weitergabe von Informationen?

DR. SVEN KLONINGER Auch, aber nicht nur. Ich als direkte Führungskraft gestalte dann mit dem Team die Umsetzung der geplanten Ziele und gebe Leitplanken zu Orientierung.

INTERVIEWER Was denken Sie, wie Führung in fünf Jahren aussehen wird?

DR. SVEN KLONINGER Ich glaube, Führung wird sich verändern. Es gibt Beispiele in unserer Branche, die schon sehr stark ihr Unternehmen verändert haben. Die agiler vorgehen. Die Hierarchie sehr weit in den Hintergrund schieben und viel mehr mit spontanen Teams arbeiten.

Ich glaube, in einer Bank wird das sehr viel länger dauern als in anderen Bereichen. Aber die Art zu denken ändert sich. Die Art, Innovationen anzugehen und Prozesse zu steuern, ändert sich. Das passiert bei uns gerade noch sehr sanft, aber die Reaktion auf das, was passiert, was der Kunde will, was der Markt will, muss heute sehr viel schneller gehen. Und deswegen ist schon allen klar, dass man sich umstellen muss. Ein klassisches Bankmodell gibt es nicht mehr.

Führung wird sich vielleicht insoweit ändern, dass wir sehr viel mehr in eine Austauschsituation kommen. Dass die Lösungsfindung gemeinsam stattfindet. Ich glaube, dass sich Führung mehr von der Hierarchie lösen wird und fluider wird. Wir haben Arbeitsgruppen, die teilweise ohne Führung arbeiten und trotzdem, oder gerade deswegen, sehr gute Ergebnisse präsentieren.

> Ich glaube, dass sich Führung mehr von der Hierarchie lösen wird und fluider wird.

INTERVIEWER Was könnte dies für zukünftige Führungskräfte bedeuten?

DR. SVEN KLONINGER Sie müssen noch bessere Moderatoren sein. Ganz sicher auch bessere Konfliktmanager, wenn es Differenzen im Team gibt.

INTERVIEWER Wie denken Sie über Selbststeuerung und Selbstorganisation?

DR. SVEN KLONINGER Das halte ich aus mehreren Gründen für extrem wichtig. Ein Projektleiter, der jeden Tag zu mir kommt mit einem Problem, das er nicht gelöst hat, den kann ich nicht als Projektleiter einsetzen. Das ist eine sehr herausgehobene Rolle. Jemand, der dann nicht in der Lage ist, alleine zu laufen, der stellt für sich und für die Bank ein gewisses Risiko dar. Das ist genau das, was nicht passieren darf.

INTERVIEWER Gibt es noch was, was Ihnen zum Thema »Führung« wichtig ist?

DR. SVEN KLONINGER Nein, momentan nicht, aber ich hätte mal eine Frage. Sie haben mich vorher gefragt, ob man Führung lernen kann. Was denken Sie darüber?

CHRISTOPHER KLÜTMANN Ich habe da eine sehr klare Position und diese könnte ggf. anecken. Ich glaube, dass nicht jeder Führungskraft werden sollte und dass man einen gewissen Teil von Führung nicht erlernen kann. Ich selber war viele Jahre Führungskraft und habe viele Menschen geleitet. In unterschiedlichen Regionen, teilweise auch virtuell. Ich habe viel Erfahrung sammeln dürfen.

Haltung ist für mich das Allerwichtigste. Die Haltung, die Menschenliebe, das ist jetzt ein bisschen blumig formuliert, aber wenn der Mensch nicht neugierig auf den Menschen ist, der dir gegenübersitzt, und wenn ich nicht die Bereitschaft habe, den anderen vor mir genauso wichtig zu nehmen wie mich selbst, dann sollte ich den Job sein lassen.

Führen bedeutet für mich Begegnung. Führen bedeutet für mich Austausch und Führung bedeutet für mich dialogorientiert zu arbeiten. Lineare, hierarchische Konzepte haben sich meines Erachtens überholt. Ich glaube, ich kann einige Skills lernen, wie komme ich mit Konflikten klar, welche Moderationsfähigkeiten habe ich. Das sind alles Techniken, aber wenn sie nicht von einer Haltung getragen werden, dann ist es eben nur eine Technik. Es ist aber keine Begegnung, die dann mit dem Gegenüber stattfindet.

THORSTEN ISACK Führung ist für mich eine Frage der persönlichen Entwicklung. Weg von den Methoden. Mit Haltung, da bin ich ganz stark bei meinem Kollegen. Wie gehe ich in Kontakt mit anderen? Kann ich es aushalten, dass mir jemand auch mal sagt, »also wie du das machst, ist das eine völlig schräge Kiste«? Das kann man lernen, aber auch nur bis zu einem gewissen Teil. Ich denke, Führung heißt auch, ganz viel über sich selbst reflektieren. Wie wirke ich auf andere? Wie gehe ich mit Feedback um? Methoden kann jeder lernen, aber die Haltung, die dahintersteht, macht den großen Unterschied aus.

Mein Lehrtherapeut (Heinz Kersting, IBS Aachen) sagte immer: »Thorsten, Gruppen sind ein gutes Lernfeld.« Wenn du ein Thema hast, wird die Gruppe das unmittelbar und schnell widerspiegeln. Ich habe lange mit Gewalttätern gearbeitet. Mein Thema früher war Machtkampf. Ich hatte die Idee, die Gruppe mit Macht führen zu müssen, damit sie mir nicht aus dem Rahmen läuft und mich dominiert. Die Gruppe hat das gemerkt und mir immer wieder den Spiegel vorgehalten. Ich bin immer wieder darauf eingestiegen, bis ich gemerkt habe, dass es so nicht weitergeht. Hier war Supervision sehr hilfreich für mich.

Ich denke schon, dass man Führung lernen kann, aber nur in dem Rahmen, in dem man sich selbst hinterfragt, und in dem Maß, in dem man an sich arbeiten möchte.

3 Interview Dr. Jan Gloßman – Gesundheitswesen

Worum geht's?
Wie viele Mitarbeiter kann ich sinnvoll führen?, Führung als Angebot, Selbstorganisation der Mitarbeiter, Sparringspartner, flexibel sein vs. Kontinuität bieten, externe Beratung ist etabliert, neue Generation von Mitarbeitern, vom Ich zum Wir.

Führung bedeutet für mich:
Teamgeist entwickeln, Mitarbeiter fördern und entwickeln und für Ziele sorgen.

Kurzbiografie:
Dr. med. Jan Gloßmann studierte Medizin in Köln und Public Health in Boston. Der Facharzt für Innere Medizin und Hämatologie/Onkologie arbeitete an verschiedenen Positionen im Bereich der ambulanten und stationären Krankenversorgung in Deutschland und den USA. Mittlerweile liegt sein Schwerpunkt im Krankenhausmanagement.

INTERVIEWER Herzlich willkommen und danke, dass du dich für unser Interview zur Verfügung stellst. Für den Start würde ich dich bitten, dich vorzustellen. Wer bist du und in welchem Kontext finden wir dich?

DR. MED. JAN GLOSSMANN Mein Name ist Jan Gloßmann und ich bin Arzt. Im Verlauf meiner Karriere habe ich immer mehr den Weg der Betriebswirtschaft genommen, sodass sich heute beide Disziplinen in meiner Arbeit wiederfinden. Ich arbeite mittlerweile im Krankenhausmanagement in mehreren Funktionen, darunter die Geschäftsführung in einem kleineren Krankenhaus.

INTERVIEWER Wie viele Mitarbeiter führst du?

DR. MED. JAN GLOSSMANN Die gesamte Mitarbeiterzahl, für die ich mit verantwortlich bin, liegt bei mehreren hundert. Aber wenn ich davon rede, wie viele Menschen ich direkt führe, kann aus meiner Warte eine Führungskraft nicht mehr als zwei Hände voll Mitarbeiter alleine sinnvoll führen. Darüber wird es schon schwierig, finde ich. Und demensprechend wenig sind es, die ich behaupte direkt zu führen.

INTERVIEWER Wie lange hast du schon Personalverantwortung?

DR. MED. JAN GLOSSMANN In leitenden Positionen bin ich seit etwa zehn Jahren tätig, darunter z. B. auch Teamleitung im Controlling. Dort waren es beispielsweise auch nur fünf, sechs Mitarbeiter, die mir direkt unterstellt waren.

INTERVIEWER Was bedeutet Führung für dich?

DR. MED. JAN GLOSSMANN Für mich bedeutet es, den mir unterstellten Personen möglichst das an Unterstützung anzubieten, was sie brauchen, um handlungsfähig zu sein. Und zum anderen sehe ich meine Rolle in einer richtungsweisenden Funktion, also den Kurs anzugeben.

Ansonsten gibt es ja eine ganze Reihe von Themen, die mit Führung verbunden sind. In der ganzen Vielfalt würde das sicher den Rahmen hier sprengen. Ich versuche, ansprechbar in entscheidenden Situationen zu sein. Ich fälle Entscheidungen mit, wenn es notwendig erscheint. Nach Möglichkeit schaffe ich für meine Mitarbeiter die optimalen Arbeitsbedingungen. Und im Zweifel helfe ich auch, Hindernisse aus dem Weg zu räumen.

INTERVIEWER Wenn ich dir zuhöre, kriege ich ein Bild, dass in deinem Krankenhausumfeld schon viel Selbstorganisation stattfindet. Dass deine Erwartung sein könnte, dass deine Mitarbeiter eher selbstorganisiert ihre Aufgaben erfüllen.

DR. MED. JAN GLOSSMANN Ja, das ist zweifellos auch so. Aus meiner Warte kann man heute wenig mit sehr hierarchischen Führungsstilen erreichen. Auch im Gesundheitswesen. Da befinden wir uns auf jeden Fall auf dem Weg in Richtung mehr Selbstorganisation. Ich würde sagen, diese

Kultur hat sich in den letzten zehn Jahren im Krankenhausmanagement bereits deutlich verändert.

Wenn wir von Selbstorganisation sprechen, können wir von Führung als unmögliche Möglichkeit (Orthey, 2013) ausgehen. Wenn Führung in einer solchen Situation unmöglich ist und Prozesse und Strukturen nicht steuerbar bzw. instruierbar sind, stellt sich die Frage, was der Führungskraft dann bleibt.

Ruth Seliger bietet uns dafür zwei handfeste Kategorien an:
1. Führung bedeutet Verbindung zwischen den einzelnen Mitarbeitenden, Kunden, Lieferanten etc., also Kommunikation.
2. Führung bedeutet Entscheidung, um der Komplexität von Organisationen gerecht zu werden.

»Diese beiden zentralen Aufgaben von Führung – Verbinden und Entscheiden – sind für das Überleben von Organisationen ausschlaggebend. Darin liegt der Sinn von Führung« (Seliger, 2014, S. 33).

INTERVIEWER Was brauchst und wünschst du dir von deinen Mitarbeitern? Welche Erwartungshaltung hast du an sie?

DR. MED. JAN GLOSSMANN Ich erwarte einen hohen Grad an selbständigem Arbeiten. Und dass Mitarbeiter an Punkten, an denen sie nicht weiterkommen, auf mich zukommen. Ich sehe meine Aufgabe darin, sie in ihrer Selbständigkeit zu unterstützen. Sie darin zu bestärken, sich selbst in die Lage zu versetzen, ihre Arbeit zu erledigen. Dass sie die Aufgaben, die sie haben, auch weitestgehend selbständig lösen können.

INTERVIEWER Wenn ich jetzt deine Mitarbeiter fragen würde, was sie sich von dir wünschen: Welche Antwort würde ich bekommen?

DR. MED. JAN GLOSSMANN In erster Linie, dass ich zuhöre und auch möglichst fachkompetent Hinweise zu den Themen geben kann, die sie beschäftigen.

Ich versuche, mit ihnen gemeinsam auf einer Ebene zu reflektieren. Sie sollen nicht das Gefühl haben, ich wisse es besser als sie. Sondern dass ich bestenfalls ein kompetenter Sparringspartner bin. Und im Zweifel auch noch ein paar Dinge aus eigener Erfahrung beitragen oder Tipps geben kann.

»Pluralistische Führungskräfte sollten nicht nur distanzierte Problemlöser sein [...], sondern ›Servant Leaders‹ (dienende Führungskräfte), die ihren Mitarbeitern zuhören, sie ermutigen, motivieren und entwickeln« (Laloux, 2015, S. 33). Laloux folgend finden sich in Organisationen unterschiedlichste Führungskräfte mit vielfältigsten Führungsansätzen. Welcher davon wie auf welche Weise zum Ziel führt, ist kontextabhängig und nicht vorhersagbar.
Die Haltung der Führungskräfte, eine dem Mitarbeiter zugewandte, neugierige, offene und wertschätzende Haltung, ist das verbindende Element in selbstorganisierten und selbstgesteuerten Organisationen.

INTERVIEWER Das würde bedeuten, Seniorität macht aus deiner Perspektive bei dem Thema »Führung« Sinn?

DR. MED. JAN GLOSSMANN Ja. Es ist bestimmt keine zwingende Komponente bei Führung. Es gibt ja auch ganz junge Krankenhauschefs. Aber aus meiner Sicht ist es ein Vorteil, etwas Berufs- und Lebenserfahrung mitzubringen. Ich kann beispielsweise auf eine mehrjährige klinische Erfahrung zurückgreifen.

INTERVIEWER Würdest du aus deiner Erfahrung heraus sagen, dass man Führung und Entscheiden lernen kann? Und wenn ja, wie?

DR. MED. JAN GLOSSMANN Ich glaube, man kann Führung nur bis zu einem gewissen Grad studieren. Man kann sich nur bis zu einem gewissen Grad Theorien aneignen. Ich finde, den Alltag und den direkten menschlichen Umgang kann man nicht simulieren. Führen lernen setzt erst so richtig ein, wenn man auch tatsächlich Menschen führt.

INTERVIEWER Was für eine Geisteshaltung sollte man als Führungskraft mitbringen, wenn du sagst, es geht eher um das Hier und Jetzt?

DR. MED. JAN GLOSSMANN Ich denke, man sollte sich selbst beim Thema »Führen« auf jeden Fall ein Stück weit zurücknehmen. Es geht viel darum, sich die Bedürfnisse und die Probleme anderer erst mal anzuhören und anzueignen. Dass man offen ist für die Themen, die an einen herangetragen werden. Oder auch für Probleme, die sich am Horizont abzeichnen. Eine Aufmerksamkeit bewahrt für das, was man tut. Offenheit für die Menschen zeigt, mit denen man zu tun hat. Das spielt eine große Rolle. Ich kann mich nicht hinter einer verschlossenen Tür verstecken und nur theoretisch arbeiten. Ich muss mitbekommen, was los ist. Den Puls fühlen.

INTERVIEWER Hast du eigentlich vorgehabt, mal Führungskraft zu werden?

DR. MED. JAN GLOSSMANN Ausschlaggebend war der Wunsch, im Gesundheitssystem etwas bewegen zu können. Das ist der Weg, den ich jetzt eingeschlagen habe. Ich denke, es gibt da verschiedene Wege. Und meiner hat sich aus meiner Biografie heraus ergeben. Ich habe mich schrittweise in die Richtung bewegt und entwickelt. Mein grundsätzliches Interesse war immer, mitzugestalten. Das war meine Motivation, mich weiterzuentwickeln.

INTERVIEWER Also auch Ehrgeiz?

DR. MED. JAN GLOSSMANN Ja, wenn das den Wunsch nach Entwicklung, nach Bewegung, nach Erweiterung des Wissens und nach Verantwortung zusammenfasst.

INTERVIEWER Ich habe jetzt Entwicklung und Bewegung gehört. Das sind für mich sehr dynamische Begriffe. Wie stehen die für dich mit Führung in Verbindung?

DR. MED. JAN GLOSSMANN Meine Wahrnehmung ist, dass Führung ganz stark mit Entwicklung und Dynamik zu tun hat. Das Krankenhauswesen ist verschiedenen Entwicklungen ausgesetzt, zum Beispiel wirtschaftlichen Zwängen, medizinischem Fortschritt, der Entwicklung am Arbeitsmarkt, der Gesetzgebung und Gesundheitspolitik. Führen hat für mich ganz viel mit ständiger Selbstüberprüfung und Korrektur des Kurses zu tun. Führen beinhaltet sehr dynamische Herausforderungen.

Gesundheitswesen

INTERVIEWER Das klingt nach einem total spannenden Arbeitsumfeld. Es braucht wahrscheinlich auch bestimmte Fähig- und Fertigkeiten, sich immer wieder auf Neues einzulassen. Sich immer wieder kritisch zu hinterfragen. Immer wieder Adaption an die Umwelten zu leisten. Du hast gerade gesagt, bei dir passiert ganz viel in Wechselwirkung zum Gesetzgeber. Zu medizinischen Entwicklungen. Aber auch wirtschaftliche Prinzipien greifen bei dir hier am Arbeitsplatz. Woraus Entscheidungen entstehen. Wie gelingt dir das und was tust du dafür, damit es dir gut gelingt?

DR. MED. JAN GLOSSMANN Hauptsächlich versuche ich, mich so häufig und so gut wie möglich dazu mit meinen Kollegen und Mitarbeitern auszutauschen. Und mich darüber zu informieren, was gerade in den verschiedenen Bereichen, die ich eben beschrieben habe, so passiert. Ich versuche einerseits, jeden Tag aufs Neue für Herausforderungen offen zu sein. Auf der anderen Seite strebe ich an, eine Kontinuität zum Beispiel in der Entwicklung von Strategien beizubehalten. Sonst fehlt die Fahrtrichtung. Aber wie man das ideal löst, weiß ich nicht. Ich glaube, da gibt es keinen einzig richtigen Weg. Ich versuche, das Neue mit dem zu verbinden, was man sich an Strategien vorgenommen hat.

INTERVIEWER Beim Zuhören denke ich jetzt an Netzwerkorientierung. Wenn wir uns heute Führungstheorien anschauen, gerade das systemische Führen, sagt man, dass Führen eher dann funktioniert, wenn ich eine starke Netzwerkorientierung habe. Mich sehr bewusst mit anderen Menschen in einem Dialog befinde. Sonst kann die Energie für Veränderung oder für neue Impulse nicht entstehen. Führung braucht den Dialog. Habt ihr hier in eurem Kontext etablierte Strukturen, die euch dabei helfen?

DR. MED. JAN GLOSSMANN Es gibt zwar in meinem Umfeld keine fest verankerte Strategie für gezielte Netzwerkentwicklung. Aber es gibt durchaus eine viel höhere Durchlässigkeit innerhalb der Klinikumorganisationen für formellen und informellen Austausch. Das hat automatisch immer mehr Einzug halten müssen. Wir haben längst gelernt, dass wir nicht mehr in unseren kleinen Elfenbeintürmen, also zum Beispiel in der Verwaltung, im ärztlichen Dienst und im Pflegedienst, getrennt voneinander koexistieren können. Die Herausforderungen sind so gewachsen, dass sich das gemeinsame Handeln immer mehr ausgeprägt hat.

Netzwerke haben häufig einen zum Teil informellen Charakter. Die Rahmenbedingungen innerhalb von Krankenhausorganisationen haben sich dahingehend sicherlich geändert. Man legt nicht mehr so viel Wert auf hierarchische

Befehlsketten. Vielmehr wird prozessorientiert gearbeitet und Wert auf selbständiges Handeln gelegt. Netzwerk als Ausprägung prozessorientierten Denkens und Kommunizierens. Das hat sich in meiner Wahrnehmung auf jeden Fall stark entwickelt.

Soziale Systeme bestehen aus Kommunikationen
»Das wirkliche Organigramm in jedem Unternehmen ist ein Netz informeller Beziehungen. Leider bestehen wir darauf, diesem Netz eine Pyramidenstruktur aufzudrücken, die den natürlichen Arbeitsfluss behindert« (Laloux, 2014, S. 117).
Organisationen bestehen aus Kommunikationen, die aneinander anschließen. Sie sind beobachtbar und erzeugen jeweils eine Resonanz innerhalb der Organisation. Auf wen diese auf welche Weise trifft, was daraus entsteht, bleibt offen. Nehmen wir das Beispiel eines firmeninternen Newsletters. Der Absender der Nachricht möchte damit einen bestimmten Zweck erfüllen. Der Newsletter wird versendet und landet in den Postfächern. Wie wird der Newsletter aufgenommen und wer wird mit wem als Erstes darüber wie auf welche Weise sprechen?
So entsteht ein dichtes Netz an Kommunikationen, die mit einer offenen, neugierigen Haltung immer wieder neu beobachtet, geprüft, neu justiert, ausgehandelt, verworfen oder weiterformuliert werden können. Ein sich immer weiterentwickelndes, intelligentes, selbstgesteuertes Netz. Luhmann spricht im Rahmen seiner Systemtheorie davon, dass Kommunikation immer an Kommunikation schließt. Diese ist personenunabhängig.

INTERVIEWER Ihr seid möglicherweise schon weiter als manch andere Organisation, die das erst jetzt zu etablieren versucht. Wenn ich bei euch auf das Organigramm gucken würde, was würde ich sehen?

DR. MED. JAN GLOSSMANN Das Organigramm ist sicherlich vorwiegend so, wie man es kennt. Es gibt aber zunehmend horizontale Strukturen, die im Organigramm nicht ohne weiteres darstellbar sind. Sie stellen aber auch keine Schattenorganisation dar. Sondern einfach eine weitere Dimension. Funktionen wie »quer zur Linie« spielen ebenfalls vermehrt eine Rolle. Im Grunde befindet sich Krankenhausmanagement längst in einer Transformation vom klassischen Liniendenken in flachere Hierarchien und in horizontales Denken. Wir arbeiten darauf hin. Aber es ist keine Revolution, sondern eher eine Evolution.

INTERVIEWER Das ist eine sehr schöne Beschreibung. Wer oder was hat denn den Anstoß zur Evolution gegeben?

DR. MED. JAN GLOSSMANN Vor allem haben die Rahmenbedingungen, also der medizinische Fortschritt, die politischen und die wirtschaftlichen Zwänge dazu geführt, im Krankenhaus mehr miteinander sprechen zu müssen. Angefangen beim Austausch zwischen Fachabteilungen, weil die Medizin komplexer geworden ist. Behandlungsprozesse müssen viel mehr über  mehrere Abteilungen, Fachdisziplinen und Professionalitäten hinweg erfolgen, um die Patienten gut versorgen zu können. Eine Kultur der Offenheit ist da notwendig.

INTERVIEWER Im Systemischen sprechen wir von ko-evolutionären Prozessen. Oder Ko-Kreationen, die über informelle Netzwerke entstehen. Wo nicht nachzuvollziehen ist, was Anfang und Ende ist. Es sind kommunikative Prozesse, die darunter laufen. Die sich wie ein selbstgesteuertes, selbstorganisiertes Netz durchweben.

DR. MED. JAN GLOSSMANN Ich würde nicht ausschließen, dass es auch informelle Netzwerke in der Krankenhausorganisation gibt, die sich im Grunde immer bilden können. Aber vom Ansatz her wird vermehrt Wert darauf gelegt, das übergreifende, prozessorientierte Denken zu etablieren.

Das spiegelt sich insbesondere in den mittlerweile viel heterogener besetzten Besprechungen wider. Dort sitzen verschiedene Disziplinen und Berufsgruppen zusammen und sprechen über die brennenden Themen. Es gibt aber auch weiterhin die klassische Abteilungsbesprechung.

INTERVIEWER Wo siehst du das Thema »Führung« in fünf oder zehn Jahren in deiner Organisation?

DR. MED. JAN GLOSSMANN Auf jeden Fall mehr darauf ausgerichtet, Mitarbeiter zu stärken. Und weniger, sich als vorgesetzte Autorität zu behaupten. Sondern eher darin, eine Vorbildfunktion einzunehmen durch fachliche und soziale Kompetenz.

INTERVIEWER Manche sagen, Führung sollte daran arbeiten, sich selbst abzuschaffen. Dass Führung vielleicht in zehn Jahren gar nicht mehr als Führung definiert wird, sondern dass wir Führung dann als etwas ganz anderes bezeichnen, wofür wir heute noch gar kein Wort haben.

DR. MED. JAN GLOSSMANN Das würde ich nicht ausschließen wollen, aber bezweifeln. Die Medizin an sich ist ein sehr innovatives Gebiet. Gleichzeitig ist das Krankenhauswesen auch ein Bereich, der sich nicht ohne Weiteres so schnell verändern kann wie ein Start-up im Silicon Valley.

Aber es wird weiter eine Entwicklung geben. Der Anspruch an Führung hat sich ja schon verändert. Man erlebt ja auch, dass eine neue Generation von Mitarbeitern mit anderen Ansprüchen an die Arbeit kommt. Das verändert auch die Führungskräfte. Dass man aber im Medizinsektor Führung abschaffen kann, das sehe ich in den nächsten fünf bis zehn Jahren nicht.

INTERVIEWER Würdest du sagen, dass die Generation, die jetzt kommt, ganz anders ist als zum Beispiel unsere Generation? Als wir mal zwanzig waren? [Anmerkung der Autoren: Die Gesprächspartner sind in den 1970ern geboren ☺] Dass jede Generation immer ihr eigenes Thema mitbringt, ist klar. Aber ist das jetzt wirklich so revolutionär? Oder würdest du es anders beschreiben?

Arbeit mit Mehrgenerationenperspektiven
Eine sehr aufschlussreiche Übung, um zu sehen, mit welchen Ideen und Herausforderungen verschiedene Generationen groß geworden sind, ist die »Zeitgeisterbilanz«. Wofür oder wogegen hat sich die Generation ausgesprochen/wofür ist sie eingestanden? Welche Ideen, Werte und Positionen beschäftigen diese Jahrgänge als Eltern, Kollegen und Führungskräfte? Hieraus können interessante Informationen für Führungskräfte entstehen. Beispiele aus unseren Seminaren:
1960er Jahre: Viel Sprachlosigkeit über Emotionen, vermittelt durch die Eltern (Nachkriegsgeneration), Leistungserwartung, Leistung = Liebe, Frauen im Haushalt, der Mann als Hauptverdiener.
1970er Jahre: Emanzipation der Frau, Annäherung der Bildungschancen, RAF, Kalter Krieg – damit oft verbunden Schwarz-Weiß-Denken, Führung durch Vorgaben.
1980er Jahre: »Was sollen die Nachbarn denken?«, Druck, es besser zu machen als die Eltern, Angst vor dem Atomkrieg.
1990er Jahre: Wiedervereinigung, zwei Systeme treffen aufeinander, Leistungsgesellschaft, zunehmendes Tempo durch Digitalisierung, wir sind angreifbar.

2000er Jahre: WM in Deutschland, 9/11, Globalisierung, Selbstdarstellung und -optimierung, mehr Unverbindlichkeit, mehr Freiheiten in Berufs- und Partnerwahl, Verantwortungsübernahme für die Natur, Work-Life-Balance.

2010er Jahre: Eurokrise, Rettungsschirm, heißestes Jahrzehnt, Klimakrise, Fridays for Future, aufkommender Rechtspopulismus, alte weiße Männer, Trumpismus und Bolsonaro, Phänomene von gesellschaftlichen Ein- und Ausgrenzungen, digitale (R)Evolution ist in nahezu allen Gesellschaftsschichten angekommen, Twitter, Instagram und Co. gehören ins Alltagsbild.

Dies sind nur einige Beispiele, wie sich Generationsthemen auswirken können.

DR. MED. JAN GLOSSMANN Ich habe schon die Wahrnehmung, dass sich ein deutlicher Wandel vollzogen hat. Ich habe den Eindruck, dass Work-Life-Balance in der Medizin wesentlich mehr im Vordergrund steht, als ich mir das zu Beginn meines Arbeitslebens hätte vorstellen können. Aber fremd sind mir diese Gedanken nicht. Auch sind in der Medizin die Möglichkeiten des Arbeitgeberwechsels deutlich größer geworden. Die Bereitschaft dazu hat zugenommen. Im Vergleich zu meiner Generation nehme ich das als eine starke Veränderung wahr, auf die man sich auf jeden Fall weiter einstellen muss.

INTERVIEWER Wenn ich jetzt auf das Feld von externer Begleitung und Beratung gehe: Habt ihr Coachings oder Supervisionen? Lasst ihr euch von externen Prozessbegleitern und -begleiterinnen beraten?

DR. MED. JAN GLOSSMANN Ja. Zum Teil gibt es mittlerweile auch innerbetriebliche Möglichkeiten. Insbesondere auch die Fortbildung für angehende Führungskräfte. Daneben gibt es natürlich auch externe Coachings. Bei Umstrukturierungen von Abteilungen oder ganzen Kliniken wird ebenfalls immer wieder auf externe Begleitung zurückgegriffen.

INTERVIEWER Was für eine Kultur ist das in den dir bekannten Kliniken? Kann man darüber reden? Ist das mittlerweile en vogue oder spricht man lieber nicht drüber?

DR. MED. JAN GLOSSMANN Doch. Es ist mittlerweile eine Selbstverständlichkeit geworden, dass Veränderungen begleitet werden können und sollten. Und das wird auch nicht mehr misstrauisch beäugt. Es wird inzwischen eher als positive Kraft und Mithilfe wahrgenommen. Das liegt auch daran, dass die Coachings und Beratungen zunehmend so ausgerichtet sind, dass nicht nur eine Intervention erfolgt und die Berater dann wieder verschwinden. Sondern dass das Unternehmen und Coaches zunehmend Wert darauf legen, eine nachhaltige Wirkung zu erzielen und nicht kurzfristige Einmaleffekte zu zünden.

INTERVIEWER Welche Erwartungshaltung hast du an externe Begleitung?

DR. MED. JAN GLOSSMANN Dass sie ein gutes Repertoire an eigenem Wissen mitbringt. Eine hohe Kompetenz, sich über die Situation einen Überblick zu verschaffen. Auch mit den Beteiligten konstruktiv arbeiten zu können. Zielorientiert darauf hinzuarbeiten, neue Lösungen zu entwickeln. Das Ganze ist ja eigentlich auch Führung. Es sind Qualitäten, die eine Mischung aus fachlicher und sozialer Kompetenz ausmachen. Und natürlich Vertrauen.

INTERVIEWER In welchen Feldern sind externe Prozessbegleiter am ehesten bei euch unterwegs?

DR. MED. JAN GLOSSMANN Häufiger in Abteilungen als in Individualbegleitungen. Das kann in der Verwaltung wie in einer medizinischen Abteilung sein.

INTERVIEWER Woran würdest du eine erfolgreiche Beratung erkennen können?

DR. MED. JAN GLOSSMANN Das hängt von den Zielen ab. Zum Beispiel kann ein Ziel sein, die Mitarbeiterzufriedenheit zu verbessern, und der Weg dorthin führt vor allem über die Transparentmachung und Ordnung der Prozesse in der Abteilung. Das kann die Leistungsfähigkeit einer Abteilung steigern und zur Verbesserung des Arbeitsklimas führen.

INTERVIEWER Oftmals wird gesagt, dass Prozessbegleitung qualitativ nicht messbar ist. Wie denkst du darüber?

DR. MED. JAN GLOSSMANN Das stimmt, das ist nicht immer leicht zu messen. Aber man kann ja durchaus Indikatoren wie die Mitarbeiterzufriedenheit vorher und nachher messen.

INTERVIEWER Gibt es in den dir bekannten Organisationen Führungsleitlinien? Und wenn ja, wie wird mit denen gearbeitet?

DR. MED. JAN GLOSSMANN Es gibt eigentlich durchgängig Führungsleitsätze und Führungsprinzipien. Die aus meiner Sicht meist das widerspiegeln, was moderne Führungsleitsätze allgemein ausmacht. Es geht häufig um ein vertrauensvolles Miteinander und um Informationstransparenz. Ein gutes Miteinander soll etabliert werden. Die Wertschätzung des Mitarbeiters soll eine sehr große Rolle spielen. Das sind ja alles Themen, die meines Erachtens in Führungsleitsätzen oder in Führungsleitlinien verankert sind.

INTERVIEWER Glaubst du, dass es sie braucht?

DR. MED. JAN GLOSSMANN Ja, ich glaube, das Wichtige daran ist, dass man möglichst regelmäßig daran arbeitet und sie sich immer wieder vor Augen führt. Denn die Niederschrift von Führungsprinzipien ist das Eine. Das Andere ist das Erarbeiten als Teil des Implementierens und Umsetzens. Das ist kein fertiger Prozess, sondern etwas, das sehr regelmäßig wieder erarbeitet werden muss. Selbst wenn am Ende ähnliche Ergebnisse auf dem Papier stehen. Das ist die viel schwierigere Herausforderung.

INTERVIEWER Also dies in das tägliche Tun zu integrieren?

DR. MED. JAN GLOSSMANN Ja.

INTERVIEWER Da könnte ein Coach beispielsweise unterstützend mitwirken.

DR. MED. JAN GLOSSMANN Ja.

INTERVIEWER Also das Spiegeln des Verhaltens und die Aktivierung des Reflexionsvermögens.

DR. MED. JAN GLOSSMANN Ja, das ist eine ganz wichtige und sehr hilfreiche Funktion.

INTERVIEWER Was würdest du jungen Führungskräften raten, die jetzt einsteigen? Die vielleicht frisch von der Uni kommen?

DR. MED. JAN GLOSSMANN Was sehr hilfreich ist, egal in welcher Branche man einsteigt, dass man sich einmal praktisch in sein Arbeitsfeld begibt. Wenn man nicht schon von der Grundausbildung her in dem Bereich praktisch gearbeitet hat, den man dann vielleicht als Führungskraft übernimmt, dann glaube ich, ist es extrem wichtig, sich in das Arbeitsumfeld zu begeben. Bevor man dazu übergeht, die Vogelperspektive einzunehmen und zu managen. Praxisbezug halte ich für sehr wichtig.

INTERVIEWER Kommen wir jetzt zum Abschluss. Ich gebe dir ein paar kurze und knackige Fragen oder einzelne Wörter, die du dann fortführst.
 Die drei wichtigsten Kernkompetenzen einer Führungskraft sind?

DR. MED. JAN GLOSSMANN Empathie. Offenheit. Und Entscheidungsfähigkeit.

INTERVIEWER Damit Führung gelingt, sollte …?

DR. MED. JAN GLOSSMANN … man sich immer selbst reflektieren und offen für die Position des Gegenübers bleiben.

INTERVIEWER Der Sinn in der Führung liegt?

DR. MED. JAN GLOSSMANN … darin, gemeinsam vorwärtszukommen.

INTERVIEWER Der Unterschied in Führung heute und gestern ist …?

DR. MED. JAN GLOSSMANN *Wir* führen, im Vergleich zu *ich* führe.

INTERVIEWER Die Bedeutung von Führung im klinischen Kontext?

DR. MED. JAN GLOSSMANN Ist eine besondere Herausforderung, weil einerseits hohes Fachwissen notwendig sein kann und auf der anderen Seite moderne Führungsqualitäten gefragt sind.

INTERVIEWER Und wenn du an ein Bild oder eine Analogie denkst, Führung ist wie …?

DR. MED. JAN GLOSSMANN Eine, ich hätte jetzt Kunst gesagt, aber das ist vielleicht zu abstrakt. Führung ist ein kontinuierlicher Lernprozess.

INTERVIEWER Mal angenommen, Führung wäre wie Kunst, welches Bild fällt dir dazu ein?

DR. MED. JAN GLOSSMANN »Der Tanz« von Matisse.

INTERVIEWER Wo ist da die Führungskraft in dem »Tanz« von Matisse?

DR. MED. JAN GLOSSMANN Dass alle Hände ineinandergreifen. Und gemeinsam eine starke Bewegung schaffen.

INTERVIEWER Wie hoch sollte die Leidenschaft für Menschen sein, wenn man eine Führungskraft ist, auf einer Skala von 1 bis 10? Wenn 1 niedrig ist und 10 hoch?

DR. MED. JAN GLOSSMANN 8 und aufwärts.

INTERVIEWER Weil …?

DR. MED. JAN GLOSSMANN Wer das Menschliche und das »Menscheln« als Führungskraft nicht mag, hat es als Führungskraft extrem schwer. Macht sich das Leben auch schwer.

INTERVIEWER Worauf achtest du besonders? Was ist dein Fokus? Was ein Glaubenssatz, der dich begleitet?

DR. MED. JAN GLOSSMANN Mein Streben ist es, das Denken und das Handeln immer ins richtige Gleichgewicht zu bringen, was jeden Tag für mich eine Herausforderung ist, um nicht kopflos zu handeln. Und auf der anderen Seite zu viel zu denken, ohne zu handeln.

INTERVIEWER Danke dir. Gibt es irgendeine Frage, die ich dir noch hätte stellen sollen, die ich dir gar nicht gestellt habe?

DR. MED. JAN GLOSSMANN Fällt mir jetzt nichts ein. Aber auf jeden Fall fand ich es spannend, deine Fragen gestellt zu bekommen und darüber nachzudenken. Diese Fragen kriegt man selten gestellt.

4 Interview Jutta Kleinschmidt – Motorsport

Worum geht's?

Unterscheidung Team und Gruppe, Diversity, Erfolgsfaktor Eigenmotivation, Lust und Leidenschaft für das Neue entwickeln, Selbstwert und Kongruenz, positive Fehlerkultur etablieren, Entwicklung durch prozessorientiertes Vorgehen.

Führung bedeutet für mich:

Ich denke, man braucht jemanden, der das Gesamte, das Endziel im Auge hat und weiß, wer welches Unterthema erledigt, und das zusammenführt. Ich würde Führung nicht als Wertigkeit einstufen, gleichwertig kann ich ja trotzdem sein. Ich muss deswegen nicht den einen höher als den anderen stellen. Es ist einfach nur eine andere Position. Kontrolliert im guten Sinne, damit es nicht in die falsche Richtung läuft. Das ist schon wichtig. Ich glaube, dass es ganz wichtig ist, dass jeder Einzelne im Team weiß, dass seine Arbeit wichtig ist und geschätzt wird. Dass er ein Baustein des großen Ziels ist und er auch diese Lorbeeren für seinen Teil bekommt.

Kurzbiografie:

Jutta Kleinschmidt ist die erfolgreichste Frau im Marathon-Rallyesport weltweit. Sie ist die erste und bisher einzige Frau, die die schwerste und längste Rallye der Welt, die Rallye Dakar, in der Gesamtwertung gewonnen hat. Große Herausforderungen verbunden mit modernster Technik und Wettbewerb begeistern sie. Nach sechs Jahren Erfahrung als Entwicklungsingenieurin bei BMW gab sie ihren Beruf auf, um sich ganz dem Motorsport zu widmen. Schon bald war ihr Wissen als Ingenieurin in ihren Teams sehr gefragt. Nach ihrem Sieg bei der Dakar 2001 wechselte sie zu Volkswagen Motorsport, um ein neues Rallyeauto und ein neues Team aufzubauen.

Seit August 2018 arbeitet sie als Senior Advisor in Teilzeit im Bereich Cross-Country Rally für die FIA (Fédération Internationale de l'Automobile). Die FIA ist der internationale Dachverband des Automobils bzw. der Autofahrer mit Sitz in Paris. Zusätzlich ist Jutta Kleinschmidt seit Januar 2019 Präsidentin der FIA Cross-Country Rally Commission. Zu ihren Aufgaben gehört die Erarbeitung einer strategischen Vision für die Entwicklung von Cross-Country-Rallies.

Kontakt: www.jutta-kleinschmidt.de

INTERVIEWER Frau Kleinschmidt, Sie sind studierte Physikerin, haben für BMW als Ingenieurin gearbeitet und sind dann in den Motorsport gegangen – eine Männerdomäne. Was war damals hilfreich für Sie im Umgang mit Menschen?

JUTTA KLEINSCHMIDT Für mich war wichtig, dass ich ich selbst geblieben bin. Sich nicht zu verstellen oder eine Rolle zu spielen. Für mich war immer die Sache wichtig. Ich habe mich auf das konzentriert, was ich möchte. Auf das Thema und nicht so sehr auf Karriere oder Politik oder sonst irgendwas. Und ich bin mir dabei immer treu geblieben. Man kann durchaus seinen Charakter leben, ohne sich groß zu verstellen. Ich glaube, das war wichtig für mich.

INTERVIEWER Wie würden Sie sich beschreiben? Was sind denn Ihre Hauptmerkmale, die Ihnen geholfen haben, das zu werden, was Sie sind?

JUTTA KLEINSCHMIDT Ich glaube, dass ich zielstrebig bin und vor allem, dass ich Lust auf Abenteuer, Veränderung und neue Sachen habe. Für mich ist es ist ganz wichtig, dass man neue Dinge und Veränderungen eher als Herausforderung und etwas Gutes ansieht, anstatt als negativ und bremsend oder abwehrend. Ich möchte Spaß daran haben. Was auch sehr wichtig für mich war und ist, dass ich versucht habe, andere mit einzubinden und am Erfolg teilhaben zu lassen.

Wenn man alleine anfängt, steht das nicht so im Mittelpunkt. Je größer ein Team wird, je mehr Erfolg dazukommt, desto wichtiger wird es, dass man alle einbindet und versucht, sich dadurch zu motivieren. Ich glaube, das ist einer der größten Motivationsfaktoren, dass man sich das Lob nicht nur selber holt, sondern es auch anderen gibt. Das ist manchmal schwer, weil man ja selbst gerne gelobt wird, aber genauso wie man selber gerne gelobt wird, wollen die anderen gerne gelobt werden.

Und wenn man der Anführer ist, der Teamleader, dann kann man schnell in die Versuchung kommen, sich das Lob der anderen anzueignen und die anderen zu vergessen. Da muss man sich selber an die Nase fassen. Wenn einem das selbst passiert, findet man das auch nicht lustig. Und damit macht man Motivation kaputt.

Erfolgreich als Team sein

Hier könnte zunächst die Unterscheidung von Gruppe und Team hilfreich sein. Oft werden die Begrifflichkeiten nicht klar getrennt, was zu Missverständnissen führen kann.

	Gruppe vor der Bushaltestelle	Fußballmannschaft
Ziele	ohne gemeinsam kommuniziertes Ziel	gemeinsame kommunizierte Zielsetzung
Rollenverteilung	Rollendifferenzierung nicht deutlich	Rollen und Aufgabenverteilung klar
Verbindlichkeit	unverbindliches Nebeneinander	Arbeitsabläufe sind verbindlich
Aktivität	Warten auf den Bus	jeder trägt aktiv zur Lösung der Aufgabe bei
Verantwortung	keine gemeinsame Verantwortung	gemeinsame Verantwortung für das Arbeitsergebnis

(vgl. Gellert u. Nowak, 2010, S. 21)

Hilfreiche Fragen zur Unterscheidung von Team und Gruppe

– Was denken Sie, mit welcher Konstellation Sie es als Führungskraft in Ihrer Organisation zu tun haben? Leiten Sie ein Team oder eine Gruppe?
– Welche Ziele verfolgen Sie, welche Ihre Mitarbeiter?
– Und woran könnte ich die Ziele als Außenstehender erkennen?
– Wie sind die Rollen in Ihrem Team entstanden? (Betriebszugehörigkeit, offener Austausch, Zuweisen durch den Vorgesetzten etc.)
– Welche Rollen sind implizit und welche Rollen explizit entstanden?
– Wodurch entsteht Vertrauen und Verbindlichkeit in Ihrem Team?

GRPI-Modell für die Optimierung der Teamzusammenarbeit
(nach Beckhard, 1972)

Klarheit und Einigkeit über:
- Ziele und Leistungen *(goals)*
  »Tun wir die richtigen Dinge?«
  Sind die Ziele für alle transparent und nachvollziehbar?
- Rollen und Verantwortlichkeiten *(roles)*
  »Tun die richtigen Menschen die richtigen Dinge?«
  Wer macht was?
- Steuerungs- und Arbeitsprozesse *(process)*
  »Tun wir die Dinge richtig?«
  Routine und Verlässlichkeit als ein Baustein zum Erfolg
- Normen und Werte *(interpersonal relationship)*
  »Tun die richtigen Menschen die richtigen Dinge richtig miteinander?«
  Reflexion der Arbeit als beständiger Prozess

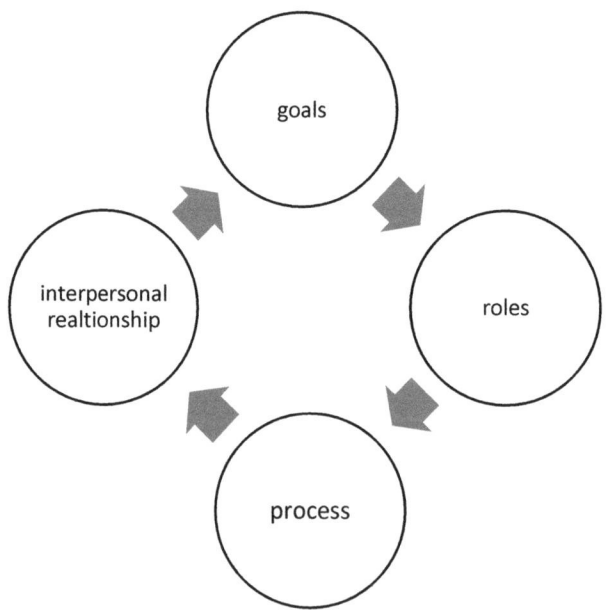

Vertiefende systemtheoretische Beobachtung zum Modell

Wenn wir von den »richtigen« Dingen oder Menschen sprechen, meinen wir zu verstehen, was wir damit meinen. Aber: Das Falsche könnte im Richtigen liegen und umgekehrt. Viel wichtiger ist das Bewusstsein über diesen Konstruktionsprozess von richtigen Falschheiten und falschen Richtigkeiten. Was das Eine oder Andere ist, lohnt sich als Führungskraft zu hinterfragen. Die Zugänge zum Erleben von Zielen, Rollen, Prozessen und Strukturen sind mannigfaltig und können einen Teambildungsprozess aktiv unterstützen, wenn sie multiperspektivisch unter Einbezug aller Beteiligten konstruiert werden. Denn wie wir etwas verstehen, aufnehmen und verarbeiten, ist unterschiedlich und bedarf eines offenen Dialogs. Je stärker wir im Dialog über das *Wozu, Wie* und *Womit* sind, umso eher besteht die Möglichkeit einer gemeinsamen Sinnkonstruktion von Zielen und Aufgaben.

Hilfreiche Fragen zum Thema »Team«
– Was soll das Team konkret bis wann erreichen?
– Was sind die Erfolgskriterien für das Team?
– Welche personellen/finanziellen Ressourcen sind vorhanden?
– Was möchte das Team erreichen?
– Wer braucht was von wem?
– Wer hat welche unausgesprochenen Befürchtungen, Annahmen?
– Wer hat welche Rolle?
– Was noch?

JUTTA KLEINSCHMIDT Es ist ganz wichtig, dass man alle am Erfolg teilhaben lässt. Dass man offen über Probleme redet und keine Angst vor Fehlern hat. Gerade wenn man neue Sachen macht, muss man den Mut aufbringen, auch Fehler zu machen. Fehler sind nichts Negatives. Man lernt sehr viel aus Fehlern. Das weiß zwar jeder, aber wenn sie dann passieren, ist es doch oft so, dass es stört. Aber ich denke, man muss diesen Mut haben. Wenn man heute was Neues macht, geht das nicht, ohne dass man auch irgendwo aneckt und Fehler macht.

INTERVIEWER Haben Sie ein praktisches Beispiel? Einen Fehler, über den Sie sagen: »Da habe ich mich echt in die Nesseln gesetzt. Aber es war für etwas gut«?

JUTTA KLEINSCHMIDT Oh ja, viele. Das fängt in meiner Karriere damit an, dass man am Anfang nicht gut genug vorbereitet war. Sprich, meine erste Rallye Dakar, da habe ich gedacht, das kann ich alles irgendwie schon alleine hinkriegen. Aus Budgetgründen, weil ich nicht genug Geld hatte, um einen Mechaniker mitzunehmen.

Anfang als Führungskraft
- Wie habe ich mich auf die neue Rolle vorbereitet?
- Was brauche ich von wem, um das Gefühl zu haben, ich bin gut vorbereitet?
- Was wäre das Beste, was mir zu Beginn passieren kann?
- Und was könnte ich konkret dafür getan haben?
- Welche Ressourcen bringe ich mit, die mich in meiner neuen Rolle unterstützen werden?
- Mal angenommen, es läuft nicht so wie gedacht, wer oder was könnte mich unterstützen?
- Wenn lustvolles Scheitern eine Kategorie wäre, die mir eine Entwicklung schenkt, was könnte ich über mich oder die Organisation lernen?

Ich habe dann sehr schnell gemerkt, es geht nicht. Ich bin nicht angekommen, habe buchstäblich alles in den Sand gesetzt. Dann musste ich eben mehr Budget finden, sparen, vielleicht das Ganze ein bisschen nach hinten schieben, um besser vorbereitet zu sein. Jemanden mitnehmen, der mich unterwegs unterstützen kann, um es dann beim nächsten Anlass zu schaffen.

Das Gleiche bei allem anderen Neuen. Ich erinnere mich an meine erste Rallye, wo ich über die erste Düne geflogen bin und gleich mal einen Salto vorwärts gemacht habe. Ich habe gedacht, die ist hinten auch so rund wie vorne. Schön rüberspringen. Dann habe ich gemerkt, diese Düne ist nicht wie die anderen. Und es gibt tausend dieser Beispiele.

Das ist auch beim Autobau der Fall. Wir versuchen ja immer wieder, das neueste Material zu verbauen. Bei einem Topteam, wo wir das erste Mal eine neue Lenkung eingesetzt haben, ist diese gleich als Erstes kaputtgegangen. Es ist eine Balance. Neue Technik hat immer Probleme. Manchmal muss man das Auto schieben, weil es wieder kaputt ist. Dann muss man es eben wieder aufbauen und es besser machen. Im Motorsport hat man hundert solche Fälle in kürzester Zeit, in denen irgendwas passiert ist, wo man sagt: »Ja Mist, jetzt hast du es in den Sand gesetzt.« In die Dünen gefahren, eine falsche Linie genommen und schon stecke ich eine Stunde fest und habe das Rennen verloren. Im Sport allgemein und gerade im Motorsport begegnet man Fehlern mit Demut. Und es geht auch nicht ohne, weil wir andauernd in Entwicklungen denken.

Alleine die Menschen, die das erste Mal geflogen sind, die Pioniere, die mussten ein Flugzeug bauen und haben vorher noch nicht mal eine Flugstunde gehabt. Sie setzten sich rein und versuchten, damit zu fliegen. Natürlich gab es eine Bruchlandung. Aber wenn die nicht damit angefangen hätten, hätten wir heute keine Flugzeuge.

INTERVIEWER Was war Ihre Hauptmotivation? Wie haben Sie es geschafft, sich immer wieder neu zu erfinden und nicht zu resignieren?

JUTTA KLEINSCHMIDT Ich glaube, das ist einfach die Liebe zum Neuen. Ganz klar. Für mich war es immer wichtig, dass etwas Anderes, Unentdecktes dabei ist. Deswegen habe ich auch vom Motorrad aufs Auto gewechselt. Dann von Mitsubishi zu VW, obwohl Mitsubishi das beste Team war und jeder gedacht hat, da muss man hinkommen. Ich bin zu einem Team gegangen, das nichts hatte. Noch nicht mal ein Auto. Weil ich immer Spaß am Neuen hatte. Etwas zu machen, das andere eventuell noch nicht gemacht haben, bzw. was Neues zu entwickeln und einfach neue Wege zu gehen.

So wie jetzt. Ich versuche Cross-Country, also Marathon-Rallye-Sport, zu innovieren, weil es die letzten Jahre aus dem Interesse gekommen ist. Da ist es jetzt genau das Gleiche. Ich habe eine schwere Aufgabe – gerade in der heutigen Zeit, wo Motorsport nicht mehr so Hype ist wie vor zehn, fünfzehn Jahren. Jetzt zu sagen, man geht dieses Thema an und versucht sein Glück. Das ist eine wirklich große Herausforderung. Man muss jetzt viele neue Sachen hineinbringen und das ist nicht einfach. Man ist ja nicht alleine. Man hat Leute, die man davon überzeugen muss, mit ins Boot bringen möchte. Aber genau das macht wiederum Spaß. Wenn es leicht wäre, hätte es ja auch schon jeder gemacht. Das ist genau der Punkt, der mich motiviert. Etwas zu machen, was nicht leicht ist. Das war im Sport genauso. Deswegen habe ich gerne extreme Sachen gemacht. Und das ist heute noch so. Jetzt nicht mehr so auf den Sport konzentriert wie damals, aber eben trotzdem das Extreme, dieses Neue. Neue Technologien und Herausforderungen suchen. Ich glaube, das motiviert mich.

INTERVIEWER Ich habe wenig Ahnung von Motorsport. Wie groß ist denn so ein Team?

JUTTA KLEINSCHMIDT Ein Team bei einer Dakar, früher, wo es wirklich professionell war, da hatten wir schon hundert Leute mit auf dem Rennen. Und dann hat man noch mal hundert zu Hause. Also es sind zweihundert Mann, die da das ganze Jahr lang an diesem Projekt arbeiten.

INTERVIEWER Ich kann mir vorstellen, die Anzahl der Frauen im Team ist übersichtlich. Wie ist das aufgeteilt?

JUTTA KLEINSCHMIDT Ja, die ist sehr übersichtlich. Es gibt schon einige Frauen. Die waren für die Presse und solche Sachen zuständig. Wir hatten immer noch ein paar Beifahrer als Frau, Gott sei Dank. Es ist definitiv übersichtlich. Da kommt man nicht auf zehn Prozent. Da ist man deutlich drunter.

INTERVIEWER Das ist wenig. Sie haben auf Ihrer Website geschrieben, dass Sie es geschafft haben, in einer Männerdomäne mit viel Einsatz, Ausdauer, Ehrgeiz und Kreativität Erfolg zu haben. Hat es einen Unterschied gemacht, dass Sie eine Frau sind?

JUTTA KLEINSCHMIDT Ja, das hat schon einen Unterschied gemacht. Es gibt positive Punkte, aber es gibt auch relativ viele schwierige Punkte. Positiv ist sicher, dass man ein bisschen mehr Aufmerksamkeit von der Presse bekommen kann. Das hilft natürlich ein bisschen bei der Sponsorensuche. Aber wenn die Leistung nicht stimmt, kriegst du auch keine Sponsoren. Das ist dann ähnlich wie bei den Männern.

Die Grundaufmerksamkeit kann man ein bisschen erhöhen, weil man eine Ausnahme ist. Und wenn man eine Ausnahme ist, ist man natürlich interessanter. Der Nachteil, den man hat, ist, dass nicht an einen geglaubt wird. Das Problem ist, dass man in so einem Team natürlich gerne gesehen wird, wenn man selber den Etat mitbringt und bezahlt, was normalerweise der Fall ist. Man ist gerne gesehen, weil man ja noch zusätzlich mehr PR bringt als der männliche Kollege. Aber wenn es darum geht, das beste Material zu verteilen, geben sie es lieber den Jungs, weil die sagen, der Mann kann das und die Frau fährt nur mit. Das wird dir von Haus aus unterstellt, weil es ja noch keine geschafft hat.

Das ist genau der Punkt. Die Leute glauben immer, dass etwas nicht geht, bis es einer gemacht hat. Und dann, wenn es auch nur einmal gemacht wurde, ist es auch wieder schwierig für die anderen Frauen. Das ist auch nicht so leicht, aber zumindest schon leichter. Vor mir hatte keine Frau die »Dakar« gewonnen oder war auch nur annähernd in der Position, vorne mitzufahren. Insofern hat da natürlich auch kein Mensch daran geglaubt.

INTERVIEWER Hat sich das in den letzten Jahren geändert?

JUTTA KLEINSCHMIDT Ein wenig. Im Motorsport hat sich nicht wirklich viel geändert. Es wird heute immer noch keiner Frau zugetraut, erfolgreich Formel 1 zu fahren. In anderen Sportarten geht es ein bisschen, aber in meiner Sportart denken ja auch alle, ich war die Ausnahme und das passiert die nächsten hundert Jahre nicht mehr. Was meiner Meinung nach völliger Blödsinn ist. Ich bin auch nicht so besonders. Es kann auch jemand anderes schaffen. Warum nicht? Und gerade in dieser Sportart, weil ich glaube, in dieser Sportart machen Frauen ihr Ding mindestens genauso gut sind wie die Männer. Natürlich haben wir von unserem Körperbau erst mal ein bisschen weniger Kraft. Aber beim Autofahren brauche ich ja nicht nur Kraft, außer wenn es jetzt mal zum Radwechsel kommt. Dann kann die Kraft helfen, ein paar Sekündchen schneller zu sein. Ansonsten ist die Kraft heutzutage nicht mehr so entscheidend.

Wo Frauen wirklich gut sind, ist Ausdauer. Und zwar extreme Ausdauer, wenn sie zum Beispiel über mehrere Tage gehen muss, wie beispielsweise bei der »Dakar«. Hier sind Frauen oft ein bisschen besser. Ich meine jetzt nicht nur beim Fünf-Kilometer-Lauf, sondern es muss schon richtig extrem sein. Was Frauen auch gut können ist, sich in wichtigen Momenten zurücknehmen. Ich glaube, das können Frauen besser als Männer. Und ich rede immer nur von der Allgemeinheit. Ich glaube, dass es Frauen nicht so wichtig ist, im Mittelpunkt zu stehen. Auf den Sport bezogen denke ich, dass es als Frau für mich vielleicht nicht so wichtig ist, den Prolog oder die ersten Stage [eine Etappe im Rahmen einer Rallye mit Wertungsprüfung] zu gewinnen. Ich denke eher ans Endziel und sage: »Am Schluss muss ich vorne sein.« Vielleicht ist es für mich gar nicht so gut, wenn ich die erste Etappe gewinne, weil ich dann am nächsten Tag als Erste losfahren muss. Vielleicht ist das ein Dünentag und es bringt mir mehr, wenn ich später starte und bessere Bedingungen habe.

Ich glaube, für einen Mann ist es oft wichtiger, immer zu zeigen, dass er der Beste ist. Eine Frau kriegt es ganz gut hin zu sagen: »Das ist nicht so schlimm, wenn ich jetzt nicht die Erste bin.« Das ist nur ein Beispiel. Ich glaube, wir können uns manchmal aus taktischen Gründen ein bisschen mehr zurückhalten.

Ich wünschte, wir hätten mehr Mischung in der Politik. Wir hätten dann vielleicht eine friedlichere Welt. Ich glaube, dass Frauen im Schnitt mehr Fähigkeiten haben zu schlichten.

INTERVIEWER Und sich zurückzunehmen, höre ich heraus. Sich zurückzunehmen und sich selbst nicht so wichtig zu nehmen.

JUTTA KLEINSCHMIDT Ja, sich zurückzunehmen und auch zu schlichten. Zu versuchen, einen Kompromiss zu finden. Wir sind kompromissbereiter. Das ist vielleicht das richtige Wort.

Diversity ist ein extrem wichtiges Thema, um in allen Bereichen mehr Erfolg zu haben. Weil das im Schnitt mehr funktioniert. Du brauchst schon beides. Du brauchst auch den, der vormarschiert und sich traut und mal auf den Putz haut. Das ist auch in Ordnung. Aber du brauchst auch wieder die, die schlichten und versuchen, Kompromisse zu finden und zu sagen: »Hier, ist doch nicht so schlimm. Und machen wir das mal so.«

> »Wir sollten die eigene Macht nicht unterschätzen, wir sollten uns nicht als wehrlos denken, nicht vereinzeln lassen, sondern uns einander zuwenden […]
> Macht bleibt immer noch Macht. Sie beschreibt nur Möglichkeiten. Sie ist die Kraft, die einen handeln und sprechen lässt, die etwas verändern kann, sie ist die Kraft, die beschädigen, versehren, korrumpieren kann. Auch uns selbst. Niemand hat einen Anspruch darauf, sich ausschließlich als machtlos und unschuldig zu denken« (Emcke, 2019, S. 103).

INTERVIEWER Wie hätte Ihr Team Sie denn als Führungskraft beschrieben?

JUTTA KLEINSCHMIDT Ach, das ist sehr schwierig. Ich kann mir schon vorstellen, dass ich für manche sehr anstrengend war. Da kommt der Punkt Hartnäckigkeit ein bisschen rein. Durchhaltevermögen, nicht aufgeben. Wenn man natürlich was erreichen möchte, dann muss man für seine Sachen kämpfen. Und wenn man sie, aus irgendwelchen Gründen, erst mal nicht bekommt, dann habe ich versucht, sie doch zu bekommen. Ich habe dafür gekämpft. Und wenn man für eine Sache kämpft, dann ist man manchmal ein bisschen unbequem. Ist leider so. Deswegen denke ich schon, dass da auch viele dabei sind, die das nicht so schön finden. Also es gibt sicherlich beide: Die, die es für einen sehr positiv sehen, und die, die sagen: »Ach, ist die anstrengend und zickig.«

Einem Mann würde man das zum Beispiel nie nachsagen. Der ist dann strebsam, zielorientiert und weiß, was er will. Wenn eine Frau das macht, dann ist sie zickig, anstrengend und schwierig. Das ist der nächste Nachteil. Den muss man dann ein bisschen versuchen wieder hinzukriegen. Kommunikation ist, zum Beispiel, einer meiner Hauptpunkte, die mir in meiner Karriere sehr geholfen haben.

INTERVIEWER Ich erlebe das auch im Coaching von Frauen. Frauen nehmen sich oft zurück. Zum Beispiel beim Thema sich selbst verkaufen, sich darstellen. Auch zu sagen: »Das kann ich besonders gut, das zeichnet mich aus.« Wenn ich das einen Mann frage, kommen tausend Beispiele. Wenn ich aber nach Fehlern frage –

JUTTA KLEINSCHMIDT Der kann alles.

INTERVIEWER Ja, der kann oft vieles.

JUTTA KLEINSCHMIDT Das meine ich damit. Der Mann ist auch viel selbstbewusster. Das fehlt den Frauen noch so ein bisschen. Aber warum fehlt es ihnen? Weil wir natürlich viel schneller anecken, wenn wir das machen. Und wie gesagt, man wird dann ganz schnell als zickig, anstrengend und schwierig betitelt. Der Mann wird eher bestätigt, wenn er sich so verhält. Und die Frau wird eher kritisiert, wenn sie sich so verhält. Dadurch kriegst du dann das Verhältnis, dass die Frauen nicht so auf den Putz hauen.

INTERVIEWER Wer oder was hat Sie unterstützt, mit so einem großen Team umzugehen und dieses zu leiten? Waren Sie alleine oder haben Sie Austausch gesucht?

JUTTA KLEINSCHMIDT Das ist ja alles eine Teamarbeit. Also ich versuche gar nicht so, der Boss zu sein.

INTERVIEWER Und doch waren Sie es?

JUTTA KLEINSCHMIDT Ja, im Endeffekt ist man eine Leitfigur, sagen wir es mal so. Unter einer Leitfigur verstehe ich aber nicht, dass ich mich jetzt als Boss hinstelle, sondern dass ich versuche, die Leute richtig einzusetzen. Man muss die Stärken und die Schwächen der einzelnen Mitarbeiter einschätzen können.

Und man muss wissen, an wen man welche Arbeit abgeben kann. Wenn man versucht, alles selber zu machen, geht das nicht. Ich bin da ein bisschen empfindlich und manchmal Perfektionistin. In vielen Sachen ist man versucht, alles selber zu erledigen. Aber das funktioniert nicht. Das muss man lernen. Es gibt genügend Leute im Team, die es vielleicht sogar besser können. Das muss man herausfinden und dann die Leute dementsprechend beschäftigen. Dann kriegt man die besten Ergebnisse. Aber dann muss man das denen auch überlassen. Ja, das ist leicht gesagt. Und denen auch den Erfolg dafür lassen, selbst wenn man die Idee hatte. Das ist manchmal ein bisschen schwierig.

INTERVIEWER Haben Sie es gelernt, zu delegieren?

JUTTA KLEINSCHMIDT Was heißt gelernt? Ich habe mal bei BMW als junge Ingenieurin einen Workshop mitgemacht. Das hat sicherlich nicht geschadet. Aber abgesehen davon ist es dann eher das Anwenden, das Lernen – auch aus Fehlern zu lernen. Ich habe das ja auch nicht von Anfang an richtig gemacht, sondern musste es lernen. Am Anfang war ich Einzelkämpfer, weil es gar nicht anders ging. Dann kam ein Mechaniker dazu. Von dort aus wurde es ein kleines Team, dann ein größeres und dann ein professionelles. Das ist gewachsen. Das ist nicht von heute auf morgen, dass man jetzt sagt: »So, ich bin jetzt der Teamleader.« Man rutscht ein bisschen in die Rolle hinein und wächst mit der Zeit. Dann muss man sich auch mal ein bisschen reflektieren und sagen: »Okay, das ist jetzt nicht so gut gelaufen, weil du dich so und so verhalten hast.«

INTERVIEWER Haben Sie sich alleine reflektiert oder hatten Sie eine Begleitung, einen Mentor oder ein Vorbild?

JUTTA KLEINSCHMIDT Ich hatte kein Vorbild oder Mentor. Es gibt immer viele Vorbilder, die man sieht. Wenn man mit offenen Augen durchs Leben läuft, sieht man Menschen, bei denen man sagt: »Was der da macht, ist doch cool und klasse. Da kann man sich viel abschauen.« Aber ich könnte jetzt keinen nennen, von dem ich sage, das ist jetzt mein Vorbild. Ich bin einfach mit offenen Augen durchs Leben marschiert.

Erfolg zu haben oder was Erfolgsfaktoren sind, ist eigentlich bekannt. Da brauche ich heute nur zu googeln. Das ist kein Geheimnis. Wenn du so willst, ist das wie Abnehmen. Ich weiß auch, wie ich abnehme. Ich brauche nur weniger zu essen. Aber das ist schwierig. Die Umsetzung, das ist der Punkt. Vom Wissen her wissen wir es ja alle. Aber irgendwie machen wir es nicht.

INTERVIEWER Wir bleiben in unserer Komfortzone.

JUTTA KLEINSCHMIDT Ja, da bleiben wir drin, es ist gerade nicht ungemütlich, sondern alles okay. Eigentlich will ich noch mehr, aber anstrengen möchte ich mich dafür auch nicht. Dann verweilt man in der Komfortzone, bis es wirklich den Bach heruntergeht und es zu spät ist. Danach geht es meistens – und was tun könnte man eigentlich schon vorher.

INTERVIEWER Gibt es Fettnäpfchen, die Sie heute vermeiden würden?

JUTTA KLEINSCHMIDT Ja, bei manchen Sachen war ich vielleicht ein bisschen zu blauäugig. Da geht es darum, dass man schon gemerkt hat, dass zum Beispiel jemand nicht für dich ist, sagen wir es mal so. Dass man Gegner hat, die man aus irgendwelchen Gründen nicht auf seine Seite bringen kann. Und die gegen einen schießen und zu denen man zu freundlich ist. Das würde ich heute nicht mehr so machen.

Heute würde ich nicht mehr so freundlich sein. Das ist etwas, das Frauen manchmal leider nicht machen. Weil sie sich nicht trauen. Da braucht man auch ein bisschen Mut. Man muss die Sache richtig ansprechen. Direkt ins Gesicht sagen: »So nicht. Wenn du das jetzt möchtest, dann musst du auch damit rechnen, dass Kampf angesagt ist.« Das ist ja eine gewisse Art von Selbstbewusstsein. Mut, den man aufbringen muss. Und das mache ich heute. Ich würde jetzt nicht so viel unter den Tisch kehren wie früher.

INTERVIEWER Oder aushalten.

JUTTA KLEINSCHMIDT Ja, aushalten ist auch ein guter Ausdruck dafür. Aushalten, herunterspielen. Wenn die Alarmglocken läuten, dann muss man das offene Gespräch suchen und das klären. Wenn es nach dieser Klärung immer noch nicht läuft, muss man eben schauen, was man dann macht. Aber man darf es nicht verschludern und sagen: »Es löst sich schon von alleine.« Das tut es nicht. Probleme muss man angehen.

Arbeit mit dem Selbstwert

»Ich glaube, das größte Geschenk, das ich von jemandem bekommen kann, ist, dass er mich sieht, mir zuhört, mich versteht und mich berührt. Das größte Geschenk, das ich einem anderen Menschen machen kann, ist, ihn zu sehen, ihm zuzuhören, ihn zu verstehen und ihn zu berühren. Wenn das gelingt, habe ich das Gefühl, dass wir uns wirklich begegnet sind« (Satir, 2010b, S. 9).

Virginia Satir hat sich unter anderem mit dem Thema »Selbstwert« beschäftigt und hat dabei beobachtet, dass wir Dinge, Äußerungen oder Verhalten anderer teilweise oft persönlich nehmen, was für sie ein Zeichen von niedrigem Selbstwert war.

»[…] und bin dabei zu der Überzeugung gelangt, dass der entscheidende Faktor für das, was sowohl den Umgang eines Menschen mit sich selbst als auch den Kontakt zwischen den Menschen kennzeichnet, das eigene Selbstwertgefühl […] ist. Integrität, Ehrlichkeit, Verantwortlichkeit, Mitgefühl, Liebe und Kompetenz – alle diese Eigenschaften zeigen sich auf natürliche Weise bei Menschen, deren Selbstwert stark ist. […] Wenn Menschen das Gefühl haben, von geringem Wert zu sein, leben sie in der Erwartung, dass man sie betrügt und auf ihnen herumtrampelt und dass andere sie geringschätzen. Auf diese Weise werden sie leicht zum Opfer« (Satir, 2010a, S. 41 f.).

INTERVIEWER Sehr spannend, dass Sie es sagen. Ich hatte gestern noch ein Coaching mit einer Frau, die von einem Kollegen immer wieder in schwierige Situationen gebracht wurde. Sie hat dann zu mir gesagt: »Herr Isack, wie sage ich ihm das denn? Ich will den doch nicht verletzen.« Ich habe gefragt: »Der steht Ihnen auf dem Fuß und Sie machen sich Gedanken darum, ihn nicht zu verletzen?«

JUTTA KLEINSCHMIDT Das machen Frauen gerne. Das ist ein Problem. Ich würde es heute nicht mehr machen. Das habe ich am Anfang auch gemacht. Das war nicht gut. Man fühlt sich am Ende schlecht und wird dann doch abgeschossen. Weil man sich nicht gewehrt hat. Das ist das Problem und deswegen kann ich nur raten, den Mut zu haben, nach vorne zu preschen und zu sagen: »So ist es.«

Man muss immer überlegen, was mache ich, wenn ich heute eine Entscheidung treffe? Was ist die Konsequenz und wie kann ich mit der Konsequenz leben? Wenn ich mit der leben kann und das kann ich in 99 Prozent der Fälle, dann einfach machen. Und nicht nur aus Gefälligkeit etwas nicht machen. Die anderen tun einem auch keinen Gefallen. Die nützen ihre Situation, um einen in den Hintergrund zu drücken oder was auch immer. Da muss man dieses Selbstbewusstsein aufbringen und sagen: »So nicht. Können wir gerne probieren, aber dann musst du auch mit den Folgen rechnen.« Und das kann man sehr sachlich machen.

INTERVIEWER Was hat Ihnen denn geholfen, dieses Selbstvertrauen aufzubauen?

JUTTA KLEINSCHMIDT Dass man älter wird. Erfahrung ... ich denke, ja, Erfahrung. Weil man es nicht wirklich gesagt bekommt. Heute würde ich das jungen Frauen empfehlen. Aber ich musste selber die Erfahrung machen, dass es eben nicht so funktioniert. Am Ende ist man die Blöde und die anderen werden es dir nicht danken.

INTERVIEWER Man muss mehr machen als andere, um erfolgreich zu sein. Ich glaube, das ist auch ein Punkt.

JUTTA KLEINSCHMIDT Als Frau muss man sicher mehr machen. Da mache ich mir am wenigsten Sorgen, weil Frauen sehr fleißig sind und es eben auch sein müssen, um das zu erreichen. Generell sind Frauen eigentlich sehr fleißig. Ich glaube – also nach meiner Erfahrung, auch was Beifahrer angeht, waren die Frauen sehr viel fleißiger als die Männer. Ich hatte sowohl Männer als auch Frauen als Beifahrerinnen. Die Männer, die haben viel eher Mut zur Lücke.

INTERVIEWER Ist natürlich blöd in Ihrem Sport: Mut zur Lücke ...

JUTTA KLEINSCHMIDT Ja, das ist manchmal ein bisschen blöd. Aber Männer haben das eher. Natürlich nicht alle. Ich rede immer nur von dem Durchschnitt und nicht von den einzelnen Personen. Es gibt auch Männer, die sich akribisch vorbereiten, weil sie genau wissen, wie wichtig das ist. Das ist auch ein Punkt, wo ich sagen würde, in meiner Karriere habe ich versucht, mich wirklich akribisch vorzubereiten, dass man wirklich keine Lücken hat. Dass man gerade da, wo man schwach ist, daran arbeitet und nicht nur an dem, wo man eh schon gut ist. Das macht man lieber. Man geht immer lieber an die Sachen heran, die man gut findet, die einem Spaß machen. Die Sachen, die nicht so schön sind und die man nicht so gut kann, lässt man lieber ein bisschen außen vor.

Es gibt da ein ganz simples Beispiel. Ich bin richtig schlecht bei Namen. Also richtig, richtig

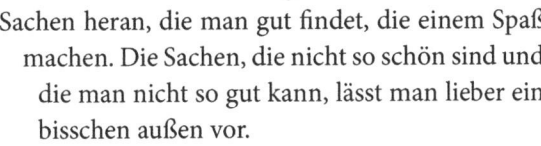

schlecht. Da muss man halt, wenn man jetzt eine wichtige Besprechung hat, sich vorbereiten und die lernen. Auch, wenn es noch so schwierig ist. Für alle geht es sowieso nie. Es wird immer ein Manko bei mir bleiben. Wenn ich einen zwei Jahre nicht mehr gesehen habe, dann gehe ich auf die Gesichtserkennung. Ich halte mein Handy hin und das erkennt ihn.

INTERVIEWER Das würde mir auch bei meinen Seminaren weiterhelfen. Das fände ich super.

JUTTA KLEINSCHMIDT Das ist jetzt zum Beispiel auch bei meinem neuen Job so. Du kommst dann da rein und bist Präsidentin einer Kommission mit dreißig Personen. Zur Vorbereitung habe ich eine E-Mail-Liste erhalten, in der teilweise noch nicht mal der Name richtig steht. Das ist dann viel Arbeit. Ich habe die Leute angeschrieben und gesagt: »So, ich möchte, dass mir jeder mal ein Foto von sich für meine Liste schickt, damit wir uns alle gut kennenlernen. Auch, warum er in dieser Kommission ist.« Das habe ich natürlich ein bisschen verpackt. So dass wir uns alle besser kennen lernen. Auch die, die neu dazugekommen sind. Das fanden alle gut, weil es den anderen auch so ergangen ist. Niemand hätte das vorher angesprochen, weil es eher peinlich ist. Aber es ist noch viel peinlicher, wenn ich da sitze und nicht weiß, wie derjenige heißt. Es kostet halt Arbeit und ein bisschen Überwindung. Das ist jetzt ein einfaches Beispiel. Dass man versucht, an den Sachen zu arbeiten, in denen man schwächer ist.

INTERVIEWER Gibt es denn etwas, das Sie neuen Führungskräften oder Teamleitern mit auf den Weg geben würden?

JUTTA KLEINSCHMIDT Kommunikation ist das Allerwichtigste. Wenn einer neu im Team ist, ist es schon wichtig, dass ich mit jedem spreche, was er gerne macht. Was ihm Spaß macht, was ihm nicht so liegt, was er für Verbesserungsvorschläge hat. Ich glaube, wenn man das macht, kann man viel über die Menschen lernen und sie ggf. auch besser einschätzen. Wie zum Beispiel in meiner neuen Kommission. Als die mir dann geschrieben haben, warum sie drin sind und was sie gerne erreichen wollen: Das war wirklich interessant. Jetzt weiß ich, wenn ich z. B ein Problem mit Navigation habe, hilft mir XY, weil er dafür Spezialist ist. Hätte ich doch vorher nie gewusst. Deswegen sollte man sich die Zeit dafür nehmen.

Zeit nehmen

Die Geschichte vom Professor, dem Glas, den Golfbällen und dem Bier
Ein Professor stellt vor seine Studenten ein großes Glas. Daneben platziert er ein paar Golfbälle, ein paar Kieselsteine, etwas Sand und eine Dose Bier. Er füllt die Gegenstände nacheinander in das Glas. Zuerst die Golfbälle, dann die Kiesel und dann den Sand. Der Sand rieselt in die Zwischenräume. Den letzten freien Raum füllt er mit einer Dose Bier auf.

Jedes Mal, wenn er etwas in das Glas getan hat, fragt er seine Studenten, ob das Glas voll sei. Schon bei den Golfbällen sagen sie »ja«. Derselben Meinung sind sie bei den Kieseln und beim Sand. Als der Professor nach dem Sinn der Übung fragt, schaut er in ratlose Gesichter. Dann erklärt er seine Übung: »Dieses Glas steht für Ihr Zeitmanagement. Die Golfbälle sind die ›Big Points‹. Die Kiesel stehen für Kleinigkeiten, die erledigt werden sollten, aber nicht so wichtig sind. Der Sand steht für die vielen kleinen Dinge, die tagtäglich passieren und irgendwie Teil des Ganzen sind.«

Noch immer schauen die Studenten ungläubig. Der Professor fährt fort: »Wenn Sie zuerst den Sand in das Glas füllen, haben Sie keinen Platz mehr für die wirklich wichtigen Dinge und beschäftigen sich mit Sandkörnern, die mehr und mehr werden. Das Gleiche gilt für die Kieselsteine. Was sind Ihre Hauptziele? Was möchten Sie erreichen? Wenn Sie das für sich geklärt haben, können Sie sich mit den kleinen Dingen des Lebens beschäftigen.«

Ein Student hebt die Hand und möchte wissen, wofür das Bier am Ende steht. Der Professor schmunzelt und sagt: »Egal, wie schwierig es gerade sein mag, für ein gutes Bier mit Freunden sollte immer Zeit sein.«

Die Geschichte steht für ein Thema, das oft großen Raum in Coachings einnimmt: der Umgang mit Struktur und Zeit. Die Komplexität der Aufgaben als Führungskraft ist oft so komplex, dass man gar nicht alles schaffen kann.

Mögliche Fragen hierzu
– Wie strukturiere ich mich, damit ich mir und meiner Aufgabe gerecht werden kann?
– Welche »Big Points« habe ich?
– Welche »Big Points« vermittle ich meinen Mitarbeitern?
– Wo habe ich Sand im Getriebe?
– Welche Auszeiten gönne ich mir und meinen Mitarbeitern?

INTERVIEWER Also ehrliches Interesse?

JUTTA KLEINSCHMIDT Zumindest kennt man danach seine Leute. Ja, ehrliches Interesse und Kommunikation. Weil man mit Kommunikation unheimlich viele Probleme lösen kann. Manchmal schreibt man den ganzen Tag E-Mails. Ich sitze den ganzen Tag vor dem blöden Computer und schreibe E-Mails und dann schreibt man zehnmal hin und her. Wenn ich ein Telefonat geführt hätte, dann wäre das alles in einer Viertelstunde erledigt gewesen. Vor allem kriege ich dann die Emotionen mit. Mit der Stimme kann ich Emotionen mitkriegen. Mit E-Mails nicht. Und das ist ganz entscheidend, wenn man sich nicht in seiner Muttersprache unterhält. 99 Prozent meiner Mails sind in Englisch. Es ist anders, wenn du dich in deiner Muttersprache ausdrückst oder in einer Fremdsprache, selbst wenn du die Sprache relativ gut kannst.

Oft schreibst du in Englisch mit jemandem, der auch kein Muttersprachler ist. In diesem Schriftverkehr geht einiges verloren oder wird sogar missverstanden. Das ist mit dem Sprechen oft nicht so, weil man hinterfragen kann und weil man ja auch noch die Betonung hört. Es ist ja was anderes, wie wenn ich sage: »Ich bin heute früher nach Hause gegangen« oder »Ich bin heute früher nach Hause gegangen« (aggressiver betont). Das eine ist, ich bin einfach mal früher nach Hause gegangen, weil ich was vorhabe. Das andere ist, ich bin beleidigt und ich bin früher nach Hause gegangen. Es ist derselbe Satz.

Kommunikation ist für mich der Schlüssel. Ich habe eine Meinung, von der ich denke, die ist richtig, und dann fange ich an, mit den entsprechenden Leuten zu kommunizieren. Vor

allem mit denen, die sagen: »Ja, finde ich jetzt aber irgendwie nicht so richtig.« Dann höre ich andere Argumente. Ich glaube, es ist wichtig, dass man versucht, neutral zu bleiben. Ich denke, es ist hilfreich, dass – da sind wir wieder bei dem Punkt – das *Thema* mir wichtig ist und nicht meine Persönlichkeit. Wenn mir das Ergebnis wichtig ist, dann mache ich es automatisch. Dann ist es für mich überhaupt kein Problem, sondern ich sage nur: »Ja, stimmt. Gut, dass ich es gehört habe.« Da bin ich froh darüber, weil ich etwas falsch gemacht habe.

INTERVIEWER Mit Blick auf die Ausbildung von Coaches und Beratern: Wie würden Sie sich denn optimale Begleitung vorstellen? Also was müsste der mitbringen?

JUTTA KLEINSCHMIDT Was müsste der mitbringen? Ich glaube, der muss erst mal gut zuhören und dann sachlich und ehrlich antworten. Nicht so aufgesetzt. Das würde mich wahnsinnig stören, wenn ich nur Floskeln höre. Die kann ich mir auch aus dem Internet holen. Die brauche ich nicht.

INTERVIEWER Eine ehrliche Rückmeldung.

JUTTA KLEINSCHMIDT Ja, eine ehrliche Rückmeldung über das, was ich gesagt habe. Nicht nur, dass da jetzt ein paar Topics heruntergerattert werden. Ich glaube, es ist wichtig, dass er sich wirklich in die Person und in das Problem hineinversetzen kann. Und dann auch mit Lösungsvorschlägen kommt, die ich vielleicht gar nicht gesehen habe. Sonst brauche ich die ja nicht.

INTERVIEWER Gibt es irgendwelche Methoden oder Interventionen, die Sie ansprechen würden? Gibt es irgendwas, was Ihnen so spontan einfällt, von dem Sie den größten Mehrwert haben?

JUTTA KLEINSCHMIDT Dass jemand auch Erfahrung mitbringt. Aber ehrlich gesagt, am Wichtigsten ist, dass es vielleicht eine intelligente Person ist, sonst macht es auch keinen Spaß. Wenn ich merken würde, das sind Floskeln oder der hört überhaupt nicht zu. Wenn ich merken würde, das sind jetzt nur so heruntergeratterte, auswendig gelernte Tipps, dann würde ich sofort zumachen. Dann würde ich auch nichts mehr erzählen, weil mir das keinen Spaß macht.

Also mir geht es schon oft so, dass ich vielleicht auch im Freundeskreis was erzähle. Aber dann merke ich, dass der eine oder andere überhaupt nicht folgen kann. Das ist jetzt für mich nicht weiter schlimm, aber dann möchte ich mich eigentlich über das Thema auch nicht mehr unterhalten, sondern dann wechsle es lieber.

INTERVIEWER Es ist kein Mehrwert für Sie da.

JUTTA KLEINSCHMIDT Nein, Dann unterhalte ich mich lieber über irgendein anderes Thema. Das merkt man sehr schnell. Man merkt es teilweise schon am Nachfragen. Wenn ich merke, dass die Fragen, die kommen, einfach nur doof sind, dann bin ich weg vom Fenster. Dann würde der Coach mir nichts bringen. Was ich von einem Coach erwarte, ist, dass er sich in diese Situation hineinversetzen und sie nachvollziehen kann. Ich glaube, das ist das Allerwichtigste.

INTERVIEWER Sie brauchen einen Sparringspartner, höre ich heraus?

JUTTA KLEINSCHMIDT Ja, du brauchst einen. Der auch ehrlich zu dir ist und nichts schönredet. Ja, das ist auch wichtig. Der auch wirklich auf den Punkt kommt. Normalerweise brauche ich einen Coach, weil ich irgendetwas besser machen will. Sonst bräuchte ich ja keinen Coach. Dann muss der mir vor Augen halten, was ich vielleicht nicht so gut mache. Auch wenn das vielleicht nicht so schön ist.

INTERVIEWER Gibt es was, was Sie zum Abschluss zum Thema »Führung« noch sagen wollten?

JUTTA KLEINSCHMIDT Es gibt ja jetzt immer wieder diese Sache, dass es überhaupt keine Führung mehr gibt. Also sprich, man arbeitet nur noch im Team. Ich glaube schon, dass wir eine Führung brauchen. Ich glaube, man braucht jemanden, der das Gesamte, das Endziel im Auge hat und weiß, wer welches Unterthema erledigt, und das dann zusammenführt. Deswegen glaube ich schon, man eine Art Führung in einem Team braucht. Vielleicht liege ich da ja auch falsch.

Ich würde das auch nicht als Wertigkeit einstufen, gleichwertig kann ich ja trotzdem sein. Ich muss deswegen nicht den einen höher als den anderen stellen. Es ist einfach nur eine andere Position, aber ich denke, wir brauchen schon eine Person, die den Gesamtüberblick in einer Form auch kontrolliert. Kontrolliert im guten Sinne, damit es nicht in die falsche Richtung läuft. Das kann vielleicht für das Unterthema gut sein, aber für das Gesamtthema übers Ziel hinaus schießen. Das ist schon wichtig. Nach wie vor würde ich keine total steile Pyramide in der Hierarchie machen, aber eine kleine, flache Pyramide ist schon nicht so schlecht.

Ich glaube, dass es ganz wichtig ist, dass jeder Einzelne im Team weiß, dass seine Arbeit wichtig ist. Dass er ein Baustein des großen Ziels ist und er auch diese Lorbeeren für seinen Teil bekommt.

INTERVIEWER Und gesehen wird.

JUTTA KLEINSCHMIDT Ja, dass er gesehen wird. Genau. Das ist doch alles. Das Gesehenwerden ist doch heute das Wichtige, das die meisten wollen. In irgendeiner Form will man immer gesehen werden. Sonst macht es keinen Spaß.

Ich glaube auch, dass jeder für seinen Bereich die Verantwortung übernehmen sollte. Also wenn ich das Themengebiet abgebe, dann sollte derjenige, der das Themengebiet macht, auch die Verantwortung dafür haben.

INTERVIEWER Aber bei der Dakar saßen letztendlich Sie am Steuer.

JUTTA KLEINSCHMIDT Klar, die Verantwortung ist ja dann bei mir. Meine Verantwortung ist es, dass ich das Fahrzeug richtig ins Ziel bringe, ohne es aufs Dach zu legen, außer es ist aufs Dach geflogen, weil jemand anders Fehler in seiner Verantwortung gemacht hat. Aber es geht ja gar nicht um die Fehler. Wenn ich zum Beispiel als Fahrer nicht die Verantwortung dafür übernehmen möchte, dass das Getriebe richtig funktioniert und der Motor richtig funktioniert, sondern die Ingenieure. Natürlich versuche ich auch, die Verantwortung für mein Fahrwerk mit zu übernehmen, indem ich es abstimme. Aber wenn ich von Haus aus schon schlechte Stoßdämpfer drin habe, dann wird das nichts. Das meine ich. Es gibt im Team doch schon hohe Verantwortungen. Ich habe einen Beifahrer, der hat dann die Verantwortung, erst mal sein Roadbook vorzubereiten und dass er fit für die Fahrt ist. Damit er mir im Normalfall die richtigen Anweisungen geben kann. Die Verantwortung kann ich nicht übernehmen. Ich kann nur die Verantwortung für meinen Part übernehmen. Und versuchen, die richtigen Leute am richtigen Posten zu haben. Es nützt mir nichts, wenn ich mir einen Beifahrer aussuche, der das nicht kann. Und es nützt mir auch nichts, wenn ich mir mein Auto von einem Künstler bauen lasse. Der ist dann vielleicht gut, mein Auto zu dekorieren. Man muss schon die richtigen Leute an den richtigen Positionen haben, wenn man Erfolg haben will.

> Man muss die richtigen Leute an den richtigen Positionen haben, wenn man Erfolg haben will.

INTERVIEWER Das ist ein schönes Schlusswort, Frau Kleinschmidt. Vielen Dank für das Interview und für Ihre Zeit, die Sie sich genommen haben.

JUTTA KLEINSCHMIDT Gerne geschehen.

5 Interview Marie Isack – Gastronomie

Worum geht's?
Junge Führungskraft, Einzelhandel, Führung auf Augenhöhe, Kompetenzzuschreibungen, Selbstführung, Coaching als Reflexionsraum, das Alte und das Neue, Entscheidungen treffen, Führung im Wandel.

Führung bedeutet für mich:
Menschen eine Orientierung zu geben. Sie immer wieder weiterzuentwickeln und ihnen neue Perspektiven und Blickwinkeln aufzeigen. Gemeinsam etwas schaffen und dennoch die Verantwortung für die Entscheidungen zu übernehmen.

Kurzbiografie:
Ich heiße Marie Isack, bin 32 Jahre alt und habe bereits vor über zehn Jahren erste Führungsaufgaben übernommen. Seit sechs Jahren arbeite ich im HR-Bereich und habe mit unterschiedlichsten Zielgruppen, Menschen und Persönlichkeiten zusammengearbeitet. Dabei ist es mir wichtig, den Menschen auf Augenhöhe zu begegnen, ihnen Vertrauen zu schenken und sie stets lösungsorientiert zu führen.

INTERVIEWER Herzlich willkommen zu dem Gespräch und schön, dass du die Zeit gefunden hast, mit uns über das Thema »Führung« zu sprechen. In welchem Kontext arbeitest du und was sollten wir und die Leser über dich erfahren?

MARIE ISACK Ich bin aktuell Personaldirektorin bei Maredo für Deutschland und Österreich. Vorher war ich insgesamt zwölf Jahre in einem großen Einzelhandelsunternehmen beschäftigt. Begonnen habe ich im operativen Geschäft.

In den letzten fünf Jahren war ich dann mit regionalen HR-Aufgaben in ganz Deutschland unterwegs.

INTERVIEWER Bist du disziplinarische oder fachliche Führungskraft?

MARIE ISACK Ich bin als erweiterte Geschäftsleitung für alles, was mit HR und den angrenzenden Themen zu tun hat, verantwortlich.

Vielleicht kurz zum Organigramm. Wir haben die Geschäftsführung, darunter sind wir, die erweiterte Geschäftsleitung, das heißt die Bereiche Finanzen, Marketing, HR und Operations.

INTERVIEWER Welche Führungserfahrung hast du?

MARIE ISACK Ich bin jetzt 32 und bin mit 19 Jahren in die erste Aufgabe eingestiegen, in der es um das Thema »Führung« ging. Damals war es der Einstieg als stellvertretende Abteilungsleitung. Das erste Mal ein Team geführt habe ich mit 24 Jahren. Das waren insgesamt 45 Mitarbeiter. Das war im klassischen operativen Filialgeschäft.

Im Anschluss bin ich als HR-lerin in die Zentrale gewechselt und habe dort ganz unterschiedliche Teams geführt. Es ging dabei vor allem um die Weiterentwicklung und Fortbildung von Führungskräften. Anschließend wurde ich HR-Managerin. Als fachliche Vorgesetzte gab es sehr unterschiedliche Themen, die wir in den Filialen gelöst haben. Das war schon eine relativ hohe Verantwortung und Herausforderung für mich, weil ich auf viele Menschen traf, die deutlich mehr Erfahrungen als ich hatten. Ich fühlte mich mit sehr unterschiedlichen und zum Teil auch völlig fremden Themen konfrontiert.

Neue Verantwortung
– Was denkst du, welche Erwartungshaltung haben die »gestandenen« Geschäftsleitungen an dich?
– Und wenn ich die erfahrenen Führungskräfte fragen würde, was die gedacht haben, was du von ihnen als neue Fachvorgesetzte erwartest, was hätte ich von denen erfahren können?
– In welchen Situationen fühlst du deinen sicheren Stand?
– Was brauchst du für deinen sicheren Stand?
– Und woran würde ich deinen sicheren Stand erkennen?
– Mal angenommen, du stellst dich auf ein Bein, was ist dann anders und was könnte dir ein Gefühl von Stabilität vermitteln?

MARIE ISACK In meiner jetzigen Tätigkeit sind die Themenfelder und Verantwortungen noch einmal mehr geworden. Das HR-Team an sich ist relativ klein. Aber die Anzahl der Menschen in der gesamten Organisation, für die wir verantwortlich sind, ist relativ hoch. Wir beschäftigen in Hochzeiten knapp 1.100 Mitarbeiter in Deutschland und Österreich.

INTERVIEWER Du hast gerade eben gesagt, das Thema »Führung« begleitet dich schon länger, seit Anfang deiner Berufskarriere. Wie hat sich das Thema »Führung« für dich in der Zeit verändert oder gewandelt?

MARIE ISACK Als ich angefangen habe, habe ich noch gelernt, dass Mitarbeiter nicht geduzt werden sollten. Die Distanz und klare Trennung zwischen Mitarbeiter und Führungskraft war allgegenwärtig. Ich kann mich auch noch gut an Situationen erinnern, in denen Führungskräfte Mitarbeitern, die etwas falsch gemacht hatten, vor allen anderen Kollegen auf das Fehlverhalten hingewiesen haben. Das waren Punkte, bei denen ich mich dazu entschied, dass dies nicht die Art ist, wie ich mit Menschen umgehen würde.

Ich habe es beispielsweise überhaupt nicht so gesehen, dass man Mitarbeiter nicht auch duzen kann. Dass es überhaupt nichts damit zu tun hat, wie gut oder schlecht man als Führungskraft ist. Dass es einfach auf die Rolle ankommt, die man hat, und darauf, wie und ob man Entscheidungen trifft. Das waren Momente, in denen ich wusste, dass ich mein Team anders führen möchte. Ich hatte im operativen Filialgeschäft plötzlich eine Führungsspanne von 45 Mitarbeitern. Sicher war es für viele auch wichtig, welche Erfahrung ich bereits hatte, wie alt ich war und in welcher Hierarchiestufe ich mich befand.

Ich habe das allerdings nie für mich angenommen. Damals war ich 24 und hatte diese große Führungsspanne und die hohe Verantwortung. Aber ich habe vor allen Dingen gemerkt, dass die Menschen mich akzeptieren, weil ich sie wahrnehme und sie sehe. Weil ich sie wertschätze oder eben eine Entscheidung treffe. Und ich habe realisiert, dass das wenig damit zu tun hat, wie lange ich in einem Unternehmen bin, wie alt ich bin oder welche (fachliche) Erfahrung ich mitbringe. Es ist ein Miteinander auf Augenhöhe. Und das sollte etwas Wertschätzendes und nichts Beängstigendes sein. Das Dinge auch gemeinsam diskutiert werden können. Aber diese Unsicherheit und das Beängstigende musste ich den Menschen erst einmal nehmen. Ich glaube, das ist die Erfahrung, die man selbst vor einigen Jahren gemacht hat, und was mir als Führungskraft beigebracht wurde. Wer also die

Menschen waren, die einen im eigenen Führungsverhalten und der Entwicklung geprägt haben. Um damit dann seinen eigenen Führungsstil zu finden. Dass man Menschen nicht weiterbringt, indem man ihnen etwas aufdiktiert. Sondern dass es wichtig ist, dass jeder seine Rolle kennt und weiß, wofür er bestimmte Dinge tut. Also auch das Wieso erklärt bekommt. Dazu gehört natürlich immer jemand, der es auch entscheidet und das große Ganze im Blick hält. Doch am Ende des Tages sollte es etwas sein, dass vom Gesamtteam getragen wird. Ich glaube, das hat sich schon ein Stück weit verändert.

INTERVIEWER Gab es ein Schlüsselerlebnis, wo du Führung anders für dich erlebt hast?

MARIE ISACK Ja, das war der Moment, wo ich selbst eine Gruppe junger Führungskräfte übernommen habe, die ungefähr so alt waren wie ich, teilweise noch ein bisschen jünger, aber auch welche, die zwei, drei Jahre älter waren als ich. Wir hatten einen Workshop gemeinsam, bevor die eigentliche Fortbildung startete. Und dort duzten wir uns alle. Ich habe gemerkt, wie das in mir arbeitete. Das war kurz seltsam für mich. Ich war deren Vorgesetzte, weil ich entscheiden musste, wie es mit ihnen nach der Weiterbildung weitergeht. Ich gab ihnen Feedback und habe die alleinige Entscheidung getroffen, ob sie befördert werden oder nicht. Das war die Erwartungshaltung. Nach diesem Workshop habe ich den Teilnehmern in Mitarbeitergesprächen also regelmäßig Feedback gegeben. Ich musste mich auch von einzelnen Teilnehmern trennen. Trotzdem hat sich niemals etwas in meiner Akzeptanz verändert.

Das war für mich ein Erlebnis, wo ich dachte, dass es tatsächlich nicht darauf ankommt, in welchem zwischenmenschlichen Verhältnis man zu jemandem steht. Also niemand machte es daran fest. Sondern es ging um meine Art, mein Auftreten, meine Klarheit und um meine Rolle. Und alles andere ist nicht relevant. Also ob ich jemanden duze, sieze, wie alt ich bin oder auch, ob wir über persönliche Dinge sprechen. Es ist wichtig, Menschen eine Richtung zu geben, klar zu sein und Entscheidungen zu treffen. Ja, das war so ein Schlüsselerlebnis.

Überzogene emotionale Kohärenz

Ein kleiner Test: Bitte beurteilen Sie ganz spontan: Wer ist die bessere Führungskraft?

Peter: 55 – Seniorität – arbeitete in verschiedenen Organisationen – routiniert – abgeklärt

Marie: 24 – frisch von der Uni – erster Job – ehrgeizig – neugierig

Zu welchem Urteil sind Sie gekommen?
Der Halo-Effekt unterstützt die Theorie der unterdrückten Ambiguität. Worte sind doppeldeutig und können auf unterschiedliche Art und Weise verstanden, dekonstruiert werden. Welches Wort trifft auf welche individuelle Bedeutung? Ist die routinierte männliche Führungskraft mit 55 Jahren besser als die neugierige, weibliche, 24-jährige Führungskraft? Äußerliche Merkmale wie auch attribuierte, zugeschriebene Merkmale führen zu kognitiven Verzerrungen, die unsere Sicht von Menschen und Situationen maßgeblich beeinflussen. Der Halo-Effekt »trägt mit dazu dabei, dass die Repräsentation der Welt [...] einfacher und kohärenter ist als die Wirklichkeit« (Kahneman, 2014, S. 108).

INTERVIEWER Was bedeutet Führung für dich?

MARIE ISACK In erster Linie ist Führung verbunden mit der Verantwortung für Menschen und gleichzeitig mit dem Treffen von Entscheidungen. Ich finde, dass Führung vor allen Dingen heißt, Dinge zu entscheiden, die vielleicht andere nicht entscheiden müssen oder entscheiden wollen.

Auch Menschen ein Stück weit eine Orientierung zu vermitteln. Also wohin die Reise eigentlich gehen soll. Vision hört sich immer ein bisschen hochtrabend an – aber was ist unsere Richtung? Wo wollen wir hin, wie wollen wir dahin, was muss jeder dafür tun, um in diese Richtung zu gehen? Aber dafür muss es jemanden geben, der überhaupt erst einmal weiß, quasi von oben auf das Thema guckt und sagt, okay, was machen wir denn jetzt eigentlich und welche Rolle spielt jeder Einzelne hier? Und das auch immer wieder zurückzumelden, sowohl in die eine als auch in die andere Richtung. Ich finde nichts schlimmer als Führungskräfte, die ihre Mitarbeiter einfach sich selbst überlassen. Es ist wichtig, Freiräume zu lassen und viel Vertrauen zu schenken. Aber trotzdem in den Momenten, in denen man merkt, dass es gut oder eben auch nicht gut läuft, genau das auch anzusprechen.

Führung heißt für mich eben auch, sich seiner eigenen Verantwortung bewusst zu sein. Ich verantworte nicht nur materielle Dinge, Umsätze oder Kosten oder ein großes Büro, sondern Menschen. Da ist es völlig egal, ob es einer ist oder fünfhundert sind – die Mitarbeiter müssen wissen, wofür sie dort sind. Und wofür sie das alles tun. Oftmals machen sie es ja auch nicht nur für das Unternehmen, sondern auch für den Menschen, der sie führt.

»Führung ist die Entscheidung, Verantwortung für die Zukunft zu übernehmen. Mich einzumischen. Für mich und die Gemeinschaft. Auch und gerade mit dem Risiko, aus der Deckung herauszukommen. Verletzbar zu sein. Führung ist Ausdruck einer Haltung. Um welche Verantwortung für welche Zukunft es sich handelt, hängt vom jeweiligen Kontext ab. Eine Führungskraft ist ein Mensch, der führt« (Richter, 2016, S. 14).

INTERVIEWER Beschreibst du das gerade als eine Abhängigkeit? Die Mitarbeitenden brauchen die Führungskraft, so wie die Führungskraft auch die Mitarbeitenden? Die Mitarbeitenden orientieren sich an der Führungskraft, damit eine Richtung vorgegeben wird?

MARIE ISACK Es stimmt schon. Das eine bedingt das andere. Ich gebe vielleicht eine Richtung vor, aber vielleicht haben wir auch eine gemeinsame. Das ist für mich das Ziel. Nicht zu sagen, wir müssen jetzt in diese Richtung laufen, sondern was ist eigentlich die Haltung der Mitarbeiter dazu und welche Historie steckt dahinter.

Ich merke das jetzt in meiner neuen Position. Da ist es nicht zielführend zu sagen, wir machen jetzt alles anders. Und alle sagen: Ja, das ist ja schön, dass das deine Richtung ist, aber mit uns hat es wenig zu tun. Trotzdem muss ich versuchen, es Menschen so zu erklären, damit sie verstehen, worum es eigentlich geht. Was also mein eigentliches Thema dahinter ist. Und welches Ziel dahintersteckt. Dazu gehört Transparenz und Vertrauen. Und das ist ein Prozess. Ich erwarte auch von meinen Mitarbeitern, dass sie mir sagen, wenn sie eine Sache grundlegend anders sehen. Ich halte nichts davon, als Führungskraft loszulaufen und am Ende alleine dazustehen, um dann zu bemerken, ich habe die Mitarbeiter vergessen. Dann ist das ganze Thema für mich nicht nachhaltig. Ich kann nur nachhaltig arbeiten, indem ich Menschen für mich und meine Themen begeistere.

Aber auch zuzulassen, dass mich jemand korrigiert. Und das heißt für mich nicht, dass mich nur jemand korrigieren kann, der mir disziplinarisch vorgesetzt ist. Das ist ein langer Prozess in Unternehmen, welche hierarchisch geprägt sind. Du kannst nicht sofort voraussetzen, dass dir die Mitarbeiter ein Feedback geben. Das wird nicht funktionieren, wenn sie vielleicht vorher dreimal daran gescheitert sind, ihrer Führungskraft eine Rückmeldung zu geben. Das mag vielleicht in einem Start-up funktionieren, aber in einem Unternehmen, in dem es alteingesessene Strukturen gibt, wird es schwieriger.

INTERVIEWER Würdest du sagen, dass man Führung lernen kann?

MARIE ISACK Ich glaube, dass man lernen kann, mit welchen Tools man arbeitet oder womit man sich als Führungskraft identifiziert. Was sind eigentlich meine Themen, wie möchte ich führen, wie möchte ich als Führungskraft wahrgenommen werden? Was ist eigentlich meine Rolle? Ich glaube aber, es braucht schon gewisse Anlagen, um zu sagen, ich will auch die Verantwortung übernehmen. Ich weiß nicht, ob man das lernen kann.

Führung ist zum einen die fachliche Führung und zum anderen auch disziplinarisch für einen Mitarbeiter verantwortlich zu sein. Und damit habe ich faktisch auch die Verantwortung. Ich glaube, fachliche Aspekte sind fast immer erlernbar. Aber in dem Moment, wo ich meinem Mitarbeiter sagen muss, dass ich mit seiner Leistung zufrieden oder nicht zufrieden bin, muss ich aus meiner Sicht schon etwas mitbringen, das vor allem etwas mit meiner Persönlichkeit zu tun hat.

Ich muss also grundsätzlich Spaß daran haben, das Fähnchen hochzuhalten und zu sagen: »So, jetzt packen wir es.« Also die Verantwortung tragen zu wollen. Und ich glaube, das ist schwer erlernbar.

Verantwortung tragen

- Auf einer Skala von 1 bis 10, wenn 1 wenig und 10 hoch: Wie ist meine Motivation, in Führungsverantwortung zu gehen?
- Was wäre ein guter Wert für mich?
- Verantwortung für mich und andere zu übernehmen bedeutet was für mich?
- Was ist mein persönlicher Gewinn, wozu will ich in Führungsverantwortung gehen?
- Wem oder was werde ich damit gerecht?

INTERVIEWER Gibt es Eigenschaften, die eine Führungskraft unbedingt haben muss?

MARIE ISACK Also, in aller erster Linie ist es das Tragen von Verantwortung. Ich finde nichts schlimmer, wenn man als Führungskraft eine Entscheidung trifft, die sich später als Katastrophe herausstellt und die Person dazu nicht steht oder sich wegduckt. Ich finde, wenn man eine Entscheidung trifft, dann muss man die Verantwortung und eben auch die Konsequenz dafür tragen. Egal in welche Richtung. Somit sollte eine Führungskraft Verantwortungsbewusstsein mitbringen, aber auch die Fähigkeit, Entscheidungen zu treffen und treffen zu wollen.

Außerdem gehören Empathie und Feinfühligkeit dazu. Eben auch ein Gefühl für die Situation zu haben und auch zu bemerken, wenn etwas gerade nicht funktioniert. Und zwar nicht erst, wenn ein Mitarbeiter völlig überfordert im Büro steht, sondern vorher schon ein Gefühl zu entwickeln, was hier gerade passiert. Dafür brauche ich eine gewisse Empathie und Feinfühligkeit. Ich kann nicht einfach meine Themen alleine voranbringen. Ich benötige Menschen, die meine Entscheidung und meine Verantwortung mittragen.

INTERVIEWER Das finde ich ganz spannend, wenn du das formulierst. Rein nüchtern betrachtet könnte man sagen, die Führungskraft hat eine Rolle, die Führung heißt. Daran gekoppelt ist die Verantwortungsübernahme. Im zweiten Satz hast du gerade gesagt, es braucht aber auch Empathie und es braucht auch dieses Reflexionsvermögen und letztendlich auch etwas, das über das rein Technische und dieses Toolkit hinausgeht. Wie kann eine Führungskraft das entwickeln? Würde das bedeuten: Führen gleich Persönlichkeitsentwicklung? Sollte eine gute Führungskraft auch Lust und Freude daran haben, in eine Persönlichkeitsentwicklung zu gehen?

MARIE ISACK Ich habe tatsächlich immer zu meinen Trainees gesagt: »Um andere Menschen zu führen, muss man in allererster Linie sich selbst führen.« Und dazu gehört auch, sein eigenes Verhalten immer wieder zu reflektieren. Auch, mit sich und seinen Reaktionen kritisch ins Gericht zu gehen und sich zu fragen: War das jetzt die richtige Entscheidung? Kannst du das verantworten? Und was macht dir gerade das Herz schwer?

Es gibt mitunter auch Situationen, in denen man in einem Unternehmen etwas vertritt, das man persönlich vielleicht auch etwas differenzierter oder aber anders sieht. Aber ich muss es jetzt aus meiner Rolle heraus tun. Das sind Momente, wo ich glaube, dass es sehr wichtig ist, sich selbst zu reflektieren.

Warum man sich gerade damit schwertut oder wieso es einem möglicherweise auch leichtfällt.

Mitarbeiter sollten wissen, wie ihre Führungskraft agiert und reagiert.

»Der Verantwortliche soll nicht nur die Gemeinschaft und für die einzelnen Mitarbeiter sorgen, für Starke wie für Schwache, sondern auch für sich selbst. Nur dann wird er auch anderen gerecht werden können« (Grün, 2006, S. 107).

»Selbstachtung – eigene Quellen, innerer Beobachter, Gefühle und Fakten:
- Diese erst auf den zweiten Blick erkennbare Führungsaufgabe braucht immer wieder neue Erinnerung. Stellen Sie sich dafür eine Art Wecker, zum Beispiel in Form von regelmäßigen Treffen mit Ihrem Coach oder einem guten Freund.
- Gehen Sie eine vertrauliche Vieraugenbeziehung ein, indem Sie Ihren inneren Beobachter immer wieder in schwierigen Situationen bewusst einbeziehen.
- Achten Sie immer wieder auf Ihre Antreiber und Werte, denn die innere Orientierung wirkt auch nach außen« (Drossos in Conecta, 2016, S. 215f.).

INTERVIEWER Was ist denn deine Erwartungshaltung an Menschen, die Führungskräfte in ihren Entwicklungsprozessen begleiten? Was sollten die zur Verfügung stellen?

MARIE ISACK Ich glaube, es ist in allererster Linie wichtig, niemals aufzudiktieren, wie man selbst ist. Also dass man sagt: »Du musst das so und so machen, weil das so und so läuft.« Es sind Erfahrungswerte, die jeder Einzelne für sich sammeln muss. Der Ansatz könnte eher sein, dass ich dir eine Hilfestellung anbiete. Ich gebe dir ein Feedback. Oder auch zu sagen: »Mach die Erfahrung selbst.« Menschen also auch ganz bewusst in solche Situationen zu bringen. Sie sollen erkennen, ob sie ein Gespür für Situationen haben. Oder ob beispielsweise Konflikte völlig an ihnen vorbeigehen.

Ich finde, du solltest als Führungskraft grundsätzlich bei Dingen, die du siehst, eine gewisse Selbstverständlichkeit entwickeln. Wenn du diese nicht hast, weil du es beispielsweise gar nicht merkst, dass es dort einen Konflikt gibt, oder aber weil du ihn gar nicht sehen willst – dann wird es schwierig. Es ist wichtig, dann zu sehen, dass es dort einen Konflikt gibt, den ich spüre. Und was hindert mich jetzt vielleicht daran, diesen zu lösen?

In dieser Situation als Coach oder begleitende Führungskraft zu sagen, dass man Dinge auch probieren sollte, um zu schauen, wie es sich anfühlt. Gibt es Punkte, die dir Bauchschmerzen bereiten, oder etwas, das du dir viel schlimmer vorgestellt hast? Es ist eben wichtig, Menschen zu ermutigen, die Erfahrung selbst zu machen, und ihnen nicht aufzudiktieren, wie es sein muss.

Ich finde es schwierig, wenn man Führungskräfte kategorisiert. Ich finde, jeder muss letztlich seinen eigenen Stil finden, wie er mit Menschen umgeht. Sicher gehören bestimmte Basics dazu. Der Rest ist Erfahrung.

INTERVIEWER Was ist deine Erwartungshaltung gegenüber Coaches oder Trainerinnen, die Führungskräfte-Entwicklungsprogramme leiten?

MARIE ISACK Ich finde es wichtig, dass es in Führungsseminaren darum geht, wie Menschen sich selbst führen und ihr eigenes Handeln reflektieren – was also die Potenziale und Stärken sind. Wie geht jeder Einzelne auf Menschen zu? Bei welchen Charaktereigenschaften bin ich positiv überrascht, bei welchen habe ich als Führungskraft kein gutes Gefühl? Bevor ich also Feedback gebe und Menschen führe, sollte jeder erst einmal seine eigene Persönlichkeit kennen. Was gibt es für Glaubenssätze? Was zeichnet meine Persönlichkeit aus? Was habe ich in der Vergangenheit erlebt, wo ich mich selbst nicht so richtig verstanden habe? Wie führe ich zwischenmenschliche Beziehungen, auch im persönlichen Umfeld? Dort würde ich ansetzen.

Feedback zu erhalten ist nicht schwer. Aber es dann jemandem zu geben ist das Schwierige.

INTERVIEWER Gibt es Qualifikationen, die dich bei Coaches ansprechen? Also, wenn du jetzt einen Coach einkaufen würdest, was müsste der mitbringen?

MARIE ISACK Ich glaube, genau das. Dass er eben nicht daran ansetzt, welche Tools ich kann. Also welches 98. Tool der Coach jemandem mitgibt, um zu führen. Sondern dass er oder sie bei der Persönlichkeitsentwicklung ansetzt. Es ist vielleicht auch hilfreich, wenn er mit unterschiedlichen Zielgruppen gearbeitet hat. Dass es nicht immer nur die Zielgruppe Wirtschaft ist, sondern vielleicht auch die Zielgruppe Soziales. Um manchmal auch die Problematiken zu beleuchten, also was die Menschen oftmals hindert, irgendwas zu tun. Ich will nicht sagen, er muss jetzt total breit aufgestellt sein, aber ich würde eher jemanden nehmen, der nicht so extrem spezialisiert ist. Einen Coach, der in unterschiedlichen Kontexten mit unterschiedlichen Menschen arbeitet.

INTERVIEWER Was für Methoden wären für dich interessant? Du hast ja auch eine Coaching-Ausbildung; was hatte für dich den größten Mehrwert?

MARIE ISACK Also am gewinnbringendsten finde ich die Arbeit mit Glaubenssätzen. Ich glaube, viele Blockaden kann man so auflösen. Wenn ich selber immer glaube, dass ich nicht gut genug bin. Oder nicht loslassen kann. Das ist oftmals ein Thema, Menschen nicht loslassen zu können. Manche Führungskräfte glauben, sie müssen ihre Mitarbeiter unter ständiger Kontrolle haben. Wie kann ich dann meinen Mitarbeitern Vertrauen schenken, wenn ich immer anwesend bin und ihnen auch immer alle Entscheidungen abnehme? Das ist ein Punkt, an dem ich ansetzen kann. Das war für mich persönlich am hilfreichsten.

Individuelle Selbststeuerung

»Soll von Selbststeuerung die Rede sein, so gilt es in einem ersten Schritt, zu sehen, dass man blind ist und eben nicht sieht, was die eigene Steuerung steuert und den Willen dominiert, wenn man auf naive Weise meint, frei zu sein. Erst das Sehen des blinden Flecks führt zur Frage nach dem Was, das er verbirgt« (Blume, 2016, S. 95). Wer also von Selbstführung spricht, sollte nicht außer Acht lassen, dass es dafür Zeit und Raum benötigt. Sich selbst zu führen setzt eine Reflexion der Selbstreflexion voraus. Erst wenn ich mir darüber bewusst bin, dass ich ein Selbstbewusstsein habe, kann ich davon sprechen, dass Ich bin (Entwicklungsstufen des Bewusstseins nach Gotthard Günther, s. Blume, 2016). »[…] sich zu fragen, woher er denn überhaupt weiß, wohin er will beziehungsweise wohin er wollen könnte. Wer sagt ihm das? Sagt er sich das selbst oder sagen es ihm andere? In welchem Ausmaß unterliegt seine individuelle Selbststeuerung einer sozialen ›Mega‹- oder Metasteuerung, einer sozialen Fremdbestimmung, die heute auch technisch ermöglicht und vermittelt ist? Beherrschen beispielsweise die modernen Technologien – wie ein Smartphone – den Herrn in seiner Kutsche oder steuert und kontrolliert er das Gerät?« (Blume, 2016, S. 97).

INTERVIEWER Welche Fehler würdest du heute nicht mehr machen?

MARIE ISACK Wir hatten eine Gruppe von Menschen, die wir ausgebildet haben, und es war klar, dass wir nur einen Teil übernehmen werden. Diese Entscheidungen haben wir allerdings nicht immer objektiv treffen können, sondern teilweise an einzelnen Situationen festgemacht. Hire and Fire ist nicht meine Mentalität, mit Menschen umzugehen. In erster Linie möchte ich Menschen weiterentwickeln. Das sollte das oberste Ziel sein. Ein Exit sollte immer eine unabwendbare Entscheidung darstellen. Rückblickend würde ich die eine oder andere Entscheidung daher vielleicht anders treffen. Ich würde heute deutlich differenzierter auf die Situationen und Mitarbeiter schauen.

INTERVIEWER Was sollten Neueinsteiger wissen, die Führungskraft werden möchten oder entsprechende Ambitionen haben?

MARIE ISACK Ich finde es sehr wichtig, nicht immer sofort die Welt verändern zu wollen. Ich glaube, wenn jemand Menschen für sich gewinnen möchte, dann kann man nicht immer nur die Zukunft gestalten, sondern muss auch die Vergangenheit verstehen. Ich kann nicht ab morgen direkt in eine neue Richtung laufen, wenn die Mannschaft bis gestern in die andere Richtung gegangen ist. Ich sollte Verständnis dafür haben, dass nicht alle sofort von meinen Entscheidungen begeistert sind. Ich muss als Führungskraft verstehen, was dahintersteckt. Blinder Aktionismus und übertriebener Eifer, jetzt etwas Neues machen zu müssen, sind fehl am Platz. Ich sollte mir die Ruhe nehmen, mir die Dinge anzusehen, zu reflektieren und zu überlegen, was eigentlich dahintersteckt. Es sind nicht alle Mitarbeiter gleich motiviert. Vielleicht fehlt eine Ressource. Ich muss die Vergangenheit verstehen, um die Zukunft ein Stück weit gestalten zu können. Sonst laufe ich möglicherweise alleine los.

INTERVIEWER Systemisches Führen, agiles Führen. Würdest du sagen, da gibt es Unterschiede oder ist das alles ein und dasselbe und es sind schöne Modeerscheinungen? Wie erlebst du das bei dir in der Organisation?

MARIE ISACK Ich glaube, dass eher intuitives Führen passt. Ob ich das agil nenne, systemisch, ich glaube, dass gute Führungskräfte ein Korrektiv haben sollten. Menschen, die ihnen spiegeln, wie sie wirken und wo sie stehen. Ganz gleich, ob durch die eigenen Mitarbeiter, durch Kunden oder den eigenen Vorgesetzten. Ich stelle es mir gerade vor, wenn ich meinen Mitarbeitern sagen würde, dass wir jetzt alle agil führen. Es wären wahrscheinlich acht Fragezeichen im Gesicht. Wie ich es benenne, ist am Ende aus meiner Sicht egal. Wichtig ist, dass ich als Führungskraft mit dem, was ich tue, authentisch bin. Dass ich mit mir, dem Unternehmensziel und meinen eigenen Mitarbeitern im Reinen bin. Einmal mehr und sicher auch einmal weniger. Das passiert oftmals intuitiv.

In der Gesprächsführung ist es sicherlich auch sehr hilfreich, die eine oder andere Fragetechnik zu kennen oder die Erfahrung zu machen, dass Mitarbeiter auch einmal aufspringen können und schreien. Oder anfangen zu weinen. Und dann zu wissen, wie ich damit umgehe. Das sind Erfahrungswerte. Ich persönlich würde sagen, dass es viel, viel wichtiger ist, seinen eigenen Führungsstil zu erkennen und sich auch ein Stück weit treu zu bleiben, aber eben auch aus der Erfahrung zu lernen.

Manchmal ist es natürlich auch situativ. Ich muss oftmals situativ führen. Wenn ich mit dem einen Mitarbeiter so spreche, muss ich mit dem anderen über das gleiche Thema vielleicht ganz anders reden. Weil andere Voraussetzungen und andere Ressourcen vorhanden sind, um mit den Mitarbeitern Dinge zu besprechen oder zu thematisieren. Ich denke, das ist situatives Führen.

INTERVIEWER Hat sich Führung, der Begriff, im Laufe der letzten Jahre verändert?

MARIE ISACK Ich nehme in der Zusammenarbeit, vor allen Dingen mit jungen Leuten, wahr, dass Feedback ein sehr wichtiges Thema ist. Idealerweise allerdings nur in eine Richtung. Dass das Positive benannt wird und die Punkte, die möglicherweise Potenziale aufzeigen, nicht unbedingt besprochen werden müssen.

Dass es viel um Bestätigung geht, um Orientierung, um jemanden, der Entscheidungen trifft. Aber dass Führung vor allen Dingen etwas mit Persönlichkeit zu tun hat. Ich erlebe bis heute die Situation, dass es darum geht, welche fachlichen Qualifikationen jemand mitbringt und wie lang er in diesem Bereich tätig ist. Aus meiner Sicht sind das allerdings genau die Dinge, die jeder lernen kann. Was man allerdings nicht lernen kann, ist, seine Persönlichkeit weiterzuentwickeln. Ich muss bestimmte Voraussetzungen entwickeln, um eine gute Führungskraft zu sein. Und da ist es unerheblich, ob ich bereits zwanzig Jahre lang Personalerin war oder ob ich es erst seit zwei Jahren mache. Die Dauer ist nicht relevant. Denn wenn ich nicht fähig bin, Menschen mitzunehmen und mit ihnen gemeinsam zu arbeiten, dann hilft mir meine gesamte fachliche Erfahrung leider nicht bzw. nur bedingt.

Ich glaube, das hat sich im Wesentlichen auch verändert. Früher wurden die Mitarbeiter Führungskräfte, die am längsten dabei waren, und die, welche die meiste fachliche Erfahrung hatten. Heute kommen auch Menschen in Führungspositionen, die einfach eine tolle Persönlichkeit haben. Und dann ist es auch eher zweitrangig, ob sie eine jahrelange fachliche Expertise mitbringen.

INTERVIEWER Also führen eher als ein personenzentrierter Ansatz?

MARIE ISACK Ja und ich glaube auch, dass Führungskräfte natürlich auch ein gewisses Fachwissen mitbringen sollten. Aber das ist in der Regel keine Raketenwissenschaft. Ich bringe es durch meine Erfahrung mit oder erlerne es, wenn ich es nicht weiß. Es ist also eine reine Methode. Aber eine gewisse Persönlichkeit, die sollte ich mitbringen. Die lässt sich aus meiner Sicht nicht erlernen.

INTERVIEWER Was denkst du, wie wird sich Führung im Laufe der Zeit jetzt wandeln? Ein paar Stichworte: Digitalisierung, vielleicht auch eine andere Generation, die jetzt in die Unternehmen reinkommt, Selbstorganisation. Verschiebung von struktureller Macht, Auflösung von Hierarchie, Einführung von mehr Selbstorganisation: Wie siehst du das? Werden diese Themen einen Einfluss auf die Führung haben und sie ggf. weiterentwickeln?

MARIE ISACK Ich glaube schon, dass sich in den letzten zehn Jahren viel verändert hat. Führung findet deutlich mehr auf Augenhöhe statt. Es ist viel wichtiger geworden, Menschen auf Augenhöhe zu begegnen und eher ein kooperativer Partner zu sein als alles alleine bewerkstelligen zu wollen. Die Zeiten des Chefs, der in seinem Einzelbüro sitzt und auf seinem Bürostuhl thront, die werden hoffentlich auch bald vorbei sein. Es gibt sie zwar noch vereinzelt, aber ich glaube, dass es immer weniger wird.

Für die jetzige Generation ist vor allem die Selbstverwirklichung wichtig. Der Arbeitsplatz ist nicht nur noch der Ort, an dem man sein Geld verdient. Es ist für viele Menschen auch ein Ort der Selbstverwirklichung und des Spaßhabens. Möglicherweise ist es auch ein Ort, an dem man etwas Sinnstiftendes macht. Und das kann ich natürlich nicht, wenn ich einen Vorgesetzten habe, der Führung völlig anders versteht. Ich glaube, dass es wichtig ist, Menschen zu begleiten. Ein Stück weit auch als Mentorin zu fungieren. Weniger als Ratgeber, der ständig da ist und sagt, wie die Dinge zu sein haben. Sondern eher zu schauen, was können wir voneinander lernen. Und mich nicht nur darauf zu fokussieren, was Mitarbeiter von mir als Führungskraft lernen.

Heutzutage ist es ja auch nicht mehr zwingend erforderlich, dass man nur an einem Ort sitzt. Viele Menschen arbeiten im Home-Office. Oder je nachdem, in welchem Unternehmen oder auch auf welcher Position man tätig ist, sind Dienstreisen auch nicht unüblich. Das ist auch eine Herausforderung für Führungskräfte, aus der Ferne heraus Menschen zu führen. Dass man eben nicht mehr die klassische Situation vorfindet, dass man zu acht in einem Büro sitzt und sich jeden Tag sieht, um Dinge zu besprechen. Sondern es gibt acht Mitarbeiter, drei davon sind im Büro und die übrigen fünf sind permanent unterwegs oder sitzen im Home-Office. Dann ist vor allem die Führungskraft gefragt. Sie muss gewährleisten, dass Kommunikation stattfindet und dass die Menschen wissen, wofür sie arbeiten. Und sie muss ihren Mitarbeitern vor allem vertrauen.

Oft hat es etwas damit zu tun, dass man sich mit dem Vorgesetzten identifiziert, mit den Kollegen. Das ist schon eine Herausforderung. Home-Office ist völlig normal geworden. Aber ich glaube, keiner macht sich Gedanken darüber, wie es ist, wenn ich acht Leute im Home-Office führe. Ich meine, wie »bespaße« ich die denn letztlich? Wie kann ich denen Orientierung geben? Wie mache ich das? Ich kann die einmal im Monat an den Tisch holen, aber dann sehe ich sie ja 29 Tage lang nicht. Also da auch zu schauen, wie ich als Führungskraft aus der Ferne lenken und leiten kann.

»Kluge Führung ist wirksame Gestaltung von Unsicherheit und Wandel. Führungskräfte, die dabei in der Lage sind, die Möglichkeiten der Zukunft zu sich sprechen zu lassen, gestalten auch ihr eigenes Leben nach den Gesichtspunkten von Neugier, Offenheit und Lernfähigkeit« (Arnold, 2012, S. 65).

INTERVIEWER Ich finde das Thema sehr spannend, weil wir uns auch fragen, was bedeutet das für uns als Coaches und als Berater, die Führungskräfte begleiten. Was wünschen die sich von uns? Wird sich das Anforderungsprofil verändern? Wie denkst du darüber?

MARIE ISACK Das Eine sind ja Trainings, wo ich bestimmte Sachen lerne oder erlerne. Wo ich bestimmte Tools mit an die Hand bekomme. Ich glaube, dass Coaching immer wichtiger werden wird. Es gibt Milliarden Möglichkeiten, sich zu entwickeln, ob beruflich, ob privat, das ist völlig egal. Ich kann überall auf der Welt arbeiten, ich kann jeden Beruf von überall ausüben. Überhaupt mal rauszubekommen, was will ich eigentlich und bin ich in mit dem, was ich tue, glücklich? Ich glaube, dass deshalb Coaching viel, viel wichtiger werden wird als Training. Ich glaube, dass Menschen immer mehr Coaching brauchen, um überhaupt mal zu sich zu finden. Und erst einmal zu wissen, wo finde ich gerade meinen Platz? Was will ich und was will ich nicht? Worin bin ich gut und worin bin ich nicht gut? Und das würde ich jetzt mal ganz losgelöst von Unternehmen sehen. Grundsätzlich auf das Lebensumfeld bezogen. Die Auswahl ist so groß. Ich habe die Möglichkeit, von überall auf der Welt einen Job zu machen. Aber was macht mich eigentlich glücklich? Ich glaube, deshalb wird Coaching noch viel, viel stärker werden als das, was es jetzt ist.

Jetzt kommen Menschen in der Regel zum Coaching, weil sie vielleicht auch ein Stück weit einen Leidensdruck haben. Ich glaube, dass das in Zukunft gar nicht so sein wird. Da wird es eher hipper sein zu sagen, ich gehe in ein Coaching. Ich will wissen, was mir liegt und was mir vielleicht Sinn bringt. Wofür tue ich eigentlich etwas – weil die Auswahl so groß ist. Es wird ja nicht weniger werden. Der Arbeitsmarkt zeigt, zumindest aktuell, dass ganz viel möglich ist. Ich muss nicht mehr als Einzelhandelskauffrau anfangen und das mein ganzes Leben bleiben. Ich kann mir auch mit 35 überlegen, etwas ganz anderes zu machen. Und das ist möglich, weil der Arbeitsmarkt es zulässt. Es wird ein Prozess sein, das dann zu begleiten.

INTERVIEWER Ich habe verstanden, dass Führung flexibler sein muss. Was heißt das für die Coaches?

MARIE ISACK In Bezug auf ihre Klienten?

INTERVIEWER In Bezug auf Klienten, in Bezug auf Zeit, in Bezug auf Begleitung. Ich frage mich, wie eine optimale Begleitung für Führungskräfte aussehen könnte, wenn es denn eine gibt?

MARIE ISACK Ich glaube schon, dass die Verfügbarkeit eine andere sein muss. Und ob die Verfügbarkeit immer so aussieht, dass man sich persönlich oder digital trifft – das muss am Ende jeder für sich entscheiden. Aber ich glaube, dass die zeitliche Komponente noch viel wichtiger wird.

Wie gesagt, ich glaube nicht, dass die Menschen zukünftig aus einem Leidensdruck heraus handeln. Vielleicht suchen sie dann eher jemanden, der einem einfach guttut.

INTERVIEWER Vielleicht auch in Richtung Konsumcharakter?

MARIE ISACK Ich glaube eher, dass es ein Stück weit Orientierung ist. Es muss verfügbar sein und es muss mir vielleicht auch schnell weiterhelfen. Idealerweise habe ich nach drei Sitzungen schon das Ergebnis, das ich mir vorgestellt habe. Das kann durchaus passieren. Aber ich glaube schon, dass Menschen sich in der jetzigen Situation, wie sie halt ist, auch etwas wünschen, was sie ein wenig aus diesem Kontext herausbringt. Dass sie wieder zu sich finden und wissen, was sie eigentlich wollen und was sie glücklich macht.

INTERVIEWER Das ist so ein bisschen wie »Wellness für die Persönlichkeit«.

INTERVIEWER Ich kriege jetzt ein »ketzerisches« Bild. Wenn ich dir zuhöre, dann denke ich an Ratgeber mit dem Titel: »Finde zu dir selbst«. Es ist ein bisschen schick geworden, zu einem Coach gehen. Schöne Verpackung, aber möglicherweise auch nichts drin? Ich überspitze das mal ein bisschen. Und ich frage mich, an welchen Kriterien man das festmachen könnte, was tatsächlich ein erfolgreiches Coaching ist. Du hast gesagt, Zeit ist ein Faktor. Sozusagen nach drei Sitzungen muss aber klar sein, ich muss da nicht mehr hin. Zeit könnte ein Kriterium sein. Was denkst du, was weitere Kriterien sein könnten?

UND WAS MACHT COACHING ATTRAKTIV?

MARIE ISACK Ich denke, es ist sowohl die Zeit als auch die Verfügbarkeit. Also dass es auch schnell gehen sollte und es zumindest für mich einen erwünschten Effekt hat. Also einen erkennbaren Mehrwert bietet. Aber eben auch, dass ich mich nicht extra auf den Weg machen muss. Ich habe vielleicht nicht immer die Möglichkeit, mir noch einmal zwei Stunden am Abend frei zu nehmen, um zum Coaching zu fahren. Ich glaube, wenn Menschen Leidensdruck verspüren, dann sind sie auch bereit, daran zu arbeiten und zu wissen, dass es möglicherweise wehtut.

Es gibt inzwischen so viele verschiedene Studiengänge. Es gibt unendlich viele verschiedene Arbeitsplätze. Eigentlich ist alles möglich von überall auf dieser Welt. Ich glaube, dass es oftmals eher darum geht, Menschen aus diesem ganzen Trubel und dem Hamsterrad herauszuholen. An einen ruhigen Ort. Und zu sagen: Jetzt atmen wir einmal durch – und welche Rolle spielst du eigentlich als Mensch in deinem Alltag? Was ist dein Part auf dieser Welt? Und was soll und darf so bleiben, wie es ist?

INTERVIEWER Das wäre doch eine schöne Frage zum Abschluss unseres Interviews. Vielen Dank, Marie, für deine Zeit.

6 Interview – Stiftungswesen

Worum geht's?
Führung als Entwicklungsfeld, Reframing, Funktionalität von Erwartungs-Erwartungen, persönliche Positionierung, Konfliktgespräche führen, Externalisierung, Unterschiedsbildung, Perspektivwechsel nutzen, Einsatzfelder von Coaching, Beratung und Supervision.

Das Interview wurde auf Wunsch der Interviewpartnerin anonymisiert.

INTERVIEWER Wie schön, dass du dabei bist. Führung im Dialog: Wer braucht was von wem? Wir würden gerne mit einer Kontextbeschreibung deiner Organisation beginnen.

INTERVIEWTE Ich bin Vorständin einer rechtsfähigen, gemeinnützigen, unabhängigen Stiftung.

INTERVIEWER Wie würdest du den Markt oder den Sektor beschreiben, in dem ihr tätig seid?

INTERVIEWTE Wir sind bundesweit im Sektor Kunst und Kultur tätig.

INTERVIEWER Wie viele Personen erreicht ihr?

INTERVIEWTE Das ist projektabhängig ganz unterschiedlich – die Projekte sind deutschlandweit aufgestellt.

INTERVIEWER Das wäre für mich ein guter Übergang zum Thema »Führung«. Was heißt das denn für das Thema »Führung«? Was bedeutet das für die Führung in deiner Organisation?

INTERVIEWTE Dass Führung als Konstrukt per se nicht einfach ist.

INTERVIEWER Könnte man sagen, dass auch eine Chance darin liegt? Wenn es unterschiedlich gelebt wird, scheint auch ziemlich viel Freiraum für euch da zu sein, unterschiedliche Führungsmodelle nebeneinander zu etablieren. Mal angenommen, es gäbe eine Chance darin und ich würde deine Mitarbeiter fragen: Welche Chance würden sie darin erkennen?

Reframing
Einige Definitionen zur Auswahl
»Damit soll die innere Sicht des Klientensystems in einem anderen Licht erscheinen. Durch die Verschiebung des Rahmens wird auch das jeweilige Denken, Fühlen und Handeln veränderbar« (Königswieser u. Exner, 2008, S. 39).
»Bei dieser Methode wird einem Geschehen dadurch ein anderer Sinn gegeben, dass man es in einen anderen Rahmen (engl. frame) stellt, einen Rahmen, der die Bedeutung des Geschehens verändert« (von Schlippe u. Schweitzer, 1999, S. 177).
»Das Gute im Schlechten: Das Problem wird oft nur von einer störenden Seite gesehen. Der Nutzen und Vorteil, der für alle oder Einzelne dadurch entsteht, wird übersehen« (Schwing u. Fryszer, 2010, S. 220).

Beispiele aus der Praxis
Manche Teammitglieder haben ständig Einwände oder »nerven« Führungskräfte mit ihren Ideen. Man könnte auch sagen, dass sie sehr engagiert sind und viel Energie in ihren Job stecken. Die Arbeit ist ihnen nicht egal.
Ein anderes Beispiel könnte das bekannte halbleere Glas sein. Entweder ist es noch halbvoll oder das Glas ist zu groß.
Otto Rehhagel (Fußballtrainer) soll auf die Frage, ob es ihn denn nicht nerve, so viele »divenhaften« und komplizierten Spielerpersönlichkeiten zu betreuen, geantwortet haben: »Spieler, die mir keine Probleme machen, kann ich nicht gebrauchen, die machen dem Gegner ja auch keine.«

INTERVIEWTE Es wird wirklich sehr unterschiedlich gehandhabt. Von Vorstand zu Vorstand wechselte auch der Führungsstil. Die Chance ist natürlich: Geht man mit oder lässt man Veränderung zu? Oder nicht? Ich glaube, relativ lange war das statisch, dass viele Veränderungsprozesse gescheut haben, weil das eingeschliffene Denkvarianten waren, die ganz gut funktioniert haben. Dann haben sich verschiedene Köpfe abgearbeitet, andere Führungsstile zu etablieren oder andere Formen des Umgangs mit Mitarbeitern zu pflegen.

INTERVIEWER Wie würdest du deine Führungskultur beschreiben? Was verstehst du ganz persönlich als Vorständin unter Führung?

INTERVIEWTE Das ist eine gute Frage. Interessanterweise kenne ich diese patriarchalischen Führungs- und Entscheidungsstrukturen auch aus anderen Führungspositionen. Dann ist eigentlich völlig egal, wer links und rechts liegen bleibt. Und so was wie Sozialkompetenz oder Empathie lassen die erstmal weg. Hat natürlich nicht funktioniert. Den Anzug kann man sich anziehen, aber da steckt eine andere Person drin.

Meine Idee von Führung war eigentlich immer, das gleichberechtigt zu sehen. Also ich gehe davon aus, dass in dem Moment, an dem jeder seinen Platz hat und alle sich auf Augenhöhe begegnen, dass Führung von selbst entsteht, wenn die Arbeitsbereiche und die Rollen, die Zuständigkeiten und die Verantwortlichkeiten klar sind.

> *Führung entsteht von selbst, wenn die Arbeitsbereiche und Rollen, die Zuständigkeiten und die Verantwortlichkeiten klar sind.*

Im Moment ist eine interessante Zeit, darauf zu schauen, weil ich gerade die Mitarbeitergespräche geführt habe und feststelle: Es gelingt genau dann, wenn es ein Vertrauensverhältnis zu den Menschen gibt. Mit denen es kein Vertrauensverhältnis gibt, da ziehe ich wieder die alte patriarchalische Nummer ab und mache es top-down.

Am Anfang meiner Führungsrollen war ich es immer gewohnt, meine Entscheidung alleine zu treffen. Einen Teamentscheid kannte ich nicht. Man sitzt allein im Büro und sagt: Irgendwann ist es fertig. Die Funktion, die ein Team im Sinne von Entlastung haben könnte, auch von Entscheidungen oder im Mitnehmen für Entscheidungen, ist mir schwergefallen. Auch, zu holen oder zuzulassen. Ich glaube, das liegt daran, dass ich immer auch ein Einzelplayer war. Insofern passt das natürlich mit dieser Führungsrolle ganz gut, weil sie [Kolleg*innen, Vorgesetzte, Projektbeteiligte etc., die in einem Team zusammenarbeiten; Anmerkung der Verfasser], wussten: Letztendlich macht sie ja sowieso das, was sie will.

Meine Führungsrolle
- Was ist meine Haltung als Führungskraft?
- Welche Werte leiten mich in meiner Führungsrolle?
- Auf einer Skala von 1 bis 10, wie wirksam erlebe ich mich in meiner Führungsrolle?
- Und woran erkennen das meine Mitarbeiterinnen und Mitarbeiter?
- Was wäre ein guter Wert für mich?
- Was denke ich, was erwarten meine Mitarbeiter von mir als Führungskraft?

Erwartungs-Erwartungen
Es sind weniger unsere eigenen Erwartungen an den anderen, die unser Verhalten leiten, als vielmehr unsere Erwartungs-Erwartungen – hier zum Thema »Führung«: Das, was wir vermuten, was der andere von uns erwartet, was Führung ist, bestimmt vielfach unser Denken, Erleben und Handeln.

INTERVIEWER Wenn du sagst, Führung hat für dich mal das Patriarchalische im Sinne eines Rollenmodells gehabt, das du kennengelernt oder auch vorgelebt bekommen hast, wo der Anzug aber nicht passen wollte: Wie hast du das Thema »Führung« für dich weiterentwickelt?

INTERVIEWTE Also ich glaube, man kehrt immer dann zu Sachen zurück, wenn man unsicher ist und Angst hat. Dann benutzt man wieder die Strukturen, die man kennt. In dem Moment, wo man souverän ist – und das merke ich jetzt nach den drei Jahren –, wo ich mich durchgewürgt habe und unvorbereitet eine Stiftung führen und repräsentieren musste. Womit ich mich als Rolle ganz lange schwer getan habe. Je souveräner man wird und je sicherer in diesen Sachentscheidungen oder auch in dem Bewusstsein der Konsequenzen, die mit Führung nach außen und nach innen einhergehen, desto mehr habe ich mich getraut, zu experimentieren.

Souveränität, aus der Sicherheit heraus Neues wagen

Raus aus der Komfortzone heißt: Veränderung wagen und Entscheidungen treffen. Ambivalenz zwischen Verändern und Bewahren als ein natürliches Kontinuum in Veränderungsprozessen begreifen.

Praktische Übung – die »Walking Scale«

Auf dem Boden wird eine Skala von 1 bis 10 ausgelegt (Moderationskarten eignen sich sehr gut dazu). Die 1 steht für die geringste Ausprägung, die 10 für die höchste Ausprägung der selbst empfundenen Wirksamkeit (z. B. Souveränität, Kommunikationsstärke, Durchsetzungsraft etc.) als Führungskraft. Einleiten könnte man die Übung mit:

1. Schritt:

»Stellen Sie sich vor, über Nacht ist ein Wunder geschehen und Sie haben Ihr Ziel erreicht (z. B. die ›perfekte‹ Führungskraft zu sein). Dieser Punkt ist mit der 10 gekennzeichnet. Stellen Sie sich bitte darauf und blicken Sie auf der Skala zurück.
– Was ist dann anders?
– Woran würde XY erkennen, dass Sie Ihr Ziel erreicht haben?
– Welchen Unterschied könnte ich bei Ihnen beobachten?

2. Schritt:
– Wo stehen Sie im Moment?
– Wie haben Sie es geschafft, von 1 auf X (jetziger Wert) zu kommen?
– Welche Entscheidungen haben Ihnen dabei geholfen?
– Welche Ressourcen haben Sie entwickelt?
– Wer hat Sie wie dabei unterstützt?

3. Schritt:
– Was verändert sich, wenn Sie einen Schritt (X+1) weitergehen?
– Was haben Sie dann ganz konkret dafür getan?
– Wer würde es als Erstes bemerken?
– Wie attraktiv fühlt sich dieser Schritt für Sie an?«

Der Kunde sollte ein wenig auf den Zahlen verweilen. Gibt es einen Unterschied in der Köperwahrnehmung?

INTERVIEWER Gab es ein Schlüsselerlebnis?

INTERVIEWTE Naja, es gab so ein Schlüsselerlebnis. Das waren die Kündigungen. Ich habe komplett Tabula rasa gemacht. Ich habe allen gekündigt, denen man kündigen konnte.

INTERVIEWER Du hast eine Entscheidung getroffen, höre ich gerade.

INTERVIEWTE Genau. Ich habe Entscheidungen getroffen. Und ich entscheide gerne und schnell. Aber ich konnte auch nur so schnell und gerne entscheiden, weil ich nicht wusste, was das für einen Rattenschwanz nach sich zieht. Die Entscheidung habe ich mir nicht leicht gemacht. Gerade mit den Personalentscheidungen habe ich sehr gehadert, weil das so ein Mittelding war zwischen Sachentscheid und wie trenne ich mich »sozial« von Mitarbeitern? Daraus habe ich gelernt, dass man da besser hinguckt und frühzeitiger Bescheid weiß und es nicht »amerikanisch« macht: Du hast noch zehn Minuten. Gib mir bitte deine Schlüssel.

Das sind schon die Erfahrungen, an denen ich viel lernen durfte. Es sind alles Konsequenzen, mit denen musste ich lernen, selber umzugehen. Das war eindeutig nicht die Form, die ich mir gewünscht hatte, aber es war die einzige Form, die ich hatte. Das sind natürlich Schlüsselerlebnisse. Manche Menschen triffst du später wieder. Wie kann es dann gelingen, dass man sich nach einer Trennung noch in die Augen schauen kann? Und wie begründet man auch Entlassungen? In diesen Situationen habe ich viel gelernt und ich könnte noch viel mehr lernen.

Entscheidungen treffen
- Wie, wann und wozu treffe ich eine Entscheidung?
- Wenn Sie an Entscheidungen denken, wer oder was fällt Ihnen da als Erstes ein?
- Auf einer Skala von 1 bis 10, wenn 1 niedrig ist und 10 hoch, wie entscheidungsfreudig erleben Sie sich als Führungskraft?
- Was gelingt Ihnen in Entscheidungsprozessen besonders gut?
- Wer oder was profitiert als Erstes von meinen Entscheidungen? Was passiert, wenn keine Entscheidungen getroffen werden?
- Was passiert, wenn zu viele Entscheidungen getroffen werden?
- Wie werden in Ihrer Organisation Entscheidungen getroffen?
- Wie gestalten sich Meinungsbildungsprozesse in Ihrer Organisation?

- Wer hat welche Erlaubnis, in Entscheidungen zu gehen?
- Wer profitiert am ehesten von diesen Entscheidungsprozessen?

INTERVIEWER Sich von Mitarbeitern trennen ist ein herausforderndes Thema. Hast du da ein Rezept? So kann man es machen oder so sollte man es machen?

INTERVIEWTE Nein. Gar nicht. Egal, wie du es machst, es ist verkehrt. Keiner will gerne gehen. Hätte mir einer gesagt: »Du bist da falsch auf dem Posten. Willst du dir nicht was anderes suchen?« Dann hätte ich gesagt: Super, dass du es ansprichst. Ich bin weg. Ich denke, man kann das einem leichter machen, wenn man sagt: Du hast keine Entwicklungsmöglichkeiten. Ich sehe dich auch nicht auf einem anderen Posten. Ich will dich auch nicht auf einem anderen Posten. Was brauchst du, um gut gehen zu können? Das ist ja eine Variante. Ob die gehört wird, ist dann immer noch mal eine andere Sache.

INTERVIEWER Wozu gibt es überhaupt Führung in Organisationen?

INTERVIEWTE Es gibt Führung, um einen Weg aufzuzeigen. Man könnte auch sagen: Du hast einen selbstorganisierenden Weg. Das passiert von unten, dass sich der Weg von selber herauskristallisiert. Ich glaube, dass es Führen, dieses Leiten und Lenken, auf jeden Fall braucht. Es hat auch immer die Variante, Orientierung zu geben, wo die Reise hingehen könnte. Was mir ganz klar von meinen Kollegen gespiegelt wurde ist, dass sie – und das ist interessant – doch gerne klare Anweisungen haben wollen. In dem Moment, wo du sie wirklich alleine lässt und sagst, »ja, mach mal«, funktioniert das auch nicht. Das heißt, du musst so einen Mittelweg finden zwischen Orientierung geben und den eigenen Weg gehen lassen.

Führung hat auch immer die Funktion, etwas nach außen zu transportieren und dafür geradezustehen. Wir sind die Gesichter, die allein verantwortlich sind für alle Geschicke, die die Stiftung betreffen. Wobei ich zu Beginn meiner Führungstätigkeit nicht richtig wusste, was mich da alles erwartet. Also betriebswirtschaftlich, steuerrechtlich etc. Das sagt dir auch keiner so richtig. Es macht es auch nicht besser, wenn es dir einer sagt. Aber es muss eben einer machen.

INTERVIEWER Würdest du sagen, dass Führung etwas ist, das man lernen kann?

INTERVIEWTE Ja. Das eine ist angucken, nachmachen. Es gibt ja Leadership-Modelle, also lebende Beispiele, von denen ich denke: Das ist super. Finde ich total gut, wie die das umsetzt oder wie der Entscheidungsprozesse in die Wege setzt. Oder eben auch mal auf den Tisch haut und sagt: Nein, Freunde, völlig falsch.

Mein Umgang mit Führung
- Was heißt Führung für Sie?
- Welche Führungserfahrungen haben Sie sammeln können, mit welchem Unterschied an welcher Stelle?
- Was müssten Sie tun, damit Ihre Mitarbeiter meutern?
- Welche Werte leiten Sie in Ihrem Führungshandeln?
- Welches Bild von Führung leben Sie vor?
- Wie würden Ihre Mitarbeiterinnen und Mitarbeiter das beschreiben, was sie beobachten?

INTERVIEWER Hast du ein Vorbild?

INTERVIEWTE Das schwankt immer so ein bisschen. Manchmal ist die Variante, einfach mal zu sagen »Wir machen es jetzt so und fertig« total erleichternd, weil dann eine Entscheidung getroffen wurde. Ich kenne ganz viele Entscheidungsprozesse von Führungspersonen, die nicht alle Entscheidungen selbständig treffen. Dann eiert eine Führung oder eine ganze Organisation von A nach B und C nach B und A, weil keiner den Mut hat, zu sagen: »Wir machen jetzt A.«

INTERVIEWER Gibt es spezielle Themen, die ein solches Muster hervorrufen können?

INTERVIEWTE Ja, ich glaube, das eine ist Mitarbeiterorganisation, die Zuständigkeiten von Mitarbeitern und deren Hierarchie. Also die Organisation der Organisation. Das ist ein Thema, das immer wieder ein heißes Eisen ist, weil damit die Struktur festgelegt wird. Es gibt Begehrlichkeiten, die sich auch jenseits der Strukturen finden. Du kannst zehn Arbeitsplatzbeschreibungen machen. Wenn einer das doof findet, dann gibt es ein Thema. Ich glaube, der Kern ist die Binnenstruktur. Die Entwicklung von Projekten oder die Ent-

scheidung, Sachen aufzusetzen oder durchzusetzen, das ist, wenn die Binnenstruktur geklärt und die Außenstruktur konsolidiert ist. Je intransparenter oder je unruhiger oder ungeklärter die Binnenverhältnisse sind, umso schwieriger ist es, Sachen nach außen zu spielen.

Binnenverhältnisse klären
- Was können Sie als Führungskraft tun, um transparente Binnenverhältnisse zu schaffen?
- Was ist dabei Ihre Aufgabe?
- Was ist die Aufgabe Ihrer Kolleginnen und Kollegen?
- Wer braucht was von wem, um arbeitsfähig zu sein?
- Wer oder was profitiert am ehesten von transparenten Strukturen?
- Wie können Sie diese gemeinsam mit Ihren Kolleginnen und Kollegen sicherstellen?
- Welche Informationen müssen Sie haben, um Transparenz gegenüber Ihren Mitarbeitern gewährleisten zu können?
- Welche Informationen geben Sicherheit und welche verunsichern?

Die Unterscheidung von Hol- und Bringschuld macht einen Unterschied in der Verantwortlichkeit. Für welche Informationen ist die Führungskraft verantwortlich, für welche die Mitarbeiter? Eine weitere Frage, mit der sich Führungskräfte beschäftigen sollten: Was *muss* und was *kann* ich an meine Mitarbeiter weitergeben?

INTERVIEWER Das würde auf jeden Fall für eine sehr klare Organisationsform sprechen, in der Aufgaben und Rollen und Tätigkeiten geregelt sind. Dem könnte ich jetzt provokativ entgegensetzen: Entspricht Stand heute (2019) möglicherweise nicht dem, was wir als Phänomen in Organisationen derzeit beobachten können. Stichwort »Schwarmintelligenz, Selbstorganisation, Selbststeuerung«, mit Hilfe dessen sich Mitarbeitende über ihre eigenen Bedarfe und Wünsche in Organisationen zurechtfinden und sich für das eine oder andere Projekt selbständig anmelden und auch einbringen …

INTERVIEWTE Das wäre ein Widerspruch. Bei uns ist die Schwarmintelligenz nur eine halbe Intelligenz, weil wir keinen Schwarm haben, sondern Fische. Die Jobbeschreibungen sind so angelegt, dass es keine Hierarchie gibt, son-

dern nur Aufgabenverteilung, die dann wieder Projekten zugeordnet werden. Wo natürlich ganz viele Impulse aus den Mitarbeitenden rauskommen, die dann die Projekte prägen und bereichern. Insofern glaube ich, braucht es beides. Es braucht einmal die Grundstruktur. Dann muss es auch die Möglichkeit geben, die Schwarmintelligenz, Selbststeuerungs- und Selbstorganisationsprozesse zuzulassen.

INTERVIEWER Wenn wir auf externe Begleitung und Unterstützung schauen: Wozu nutzt du das »Externe«? Wo würdest du sagen, ist es deiner Erfahrung nach gut und hilfreich? Wozu braucht ihr Externe? Oder braucht ihr die vielleicht gar nicht?

INTERVIEWTE Ich verstehe nicht, warum nicht jede Einrichtung Supervision hat. Ich glaube, dass sie Entlastung bringen könnte. Das ist eine externe Folie, in der viele Konflikte mit einer Problemstellung auftauchen können, die nie auftauchen, wenn du im Jour fixe zusammensitzt. Da halten alle die Klappe. Das ist ein Ventil, wo du einen Spiegel von außen kriegst.

Das heißt aber auch, dass du dir in die Karten gucken lassen musst. Ich glaube, je höher du dich in der Führungsebene bewegst, desto mehr Angst hast du, etwas zu verlieren. Ich finde es total wichtig, nicht nur das Team anzugucken, sondern eben auch die Strukturen, die man nach außen zu Kollegen und zu Partnern hat. Ich glaube, es gibt viele blinde Flecken, die man nicht sehen kann, weil man auf Kooperation angewiesen ist oder sie für seine eigenen In-

teressen nutzbar machen möchte. Es würde ganz viele Prozessentwicklungen oder gemeinsame Projekte bereichern, wenn man zu Anfang Hilfestellung gibt, zum Beispiel eine gemeinsame Zielsetzung zu finden. Ein gemeinsames Go zu finden. Sich auf bestimmte Eckpunkte zu einigen und dass jemand nochmal von außen guckt. Ich denke, dass eine externe Begleitung von außen bei Fach- und Sachfragen sehr hilfreich sein kann. Wenn man nicht weiterweiß, lässt man sich gezielt begleiten.

Umgang mit blinden Flecken

Im Umgang mit blinden Flecken kann das »Johari-Fenster« (Luft u. Ingham, 1955) hilfreich sein. Es repräsentiert den Selbstwahrnehmungsprozess des Menschen im Verhältnis zu seiner Umwelt. Durch Feedback, die Rückmeldung von anderen zu einem einem selbst unbekannten »blinden Fleck«, kann die Wahrnehmung erweitert werden. In einem weiteren Interview in diesem Buch spricht Christian Fehling (Ford Motor Company Köln) davon, dass die Feedback-Kultur in seinem Unternehmen die Idee von Führung auf ein weit höheres Level gebracht hat. Sowohl Mitarbeiter als auch Führungskräfte profitieren davon. »Feedback unterstützt die stetige persönliche und fachliche Weiterentwicklung – unser Eigenbild gleichen wir mit dem Fremdbild ab. Wir erhalten Rückmeldungen von außen, wie wir uns in bestimmten Situationen verhalten und auf andere wirken, insbesondere, was uns fachlich gut gelingt. Was wir dabei in Kommunikation bringen, verstärkt die Wahrnehmungskonstruktion und fokussiert automatisch die Aufmerksamkeit« (Oesterreich u. Schröder, 2017, S. 170).

Durch die Selbstoffenbarung (z. B. des Zweifels, des Ärgers, der Wut, der eigenen Unsicherheit) kann ein tieferes Vertrauensverhältnis geschaffen werden. Jeder Mensch ist in bestimmten Bereichen unsicher. Durch die Offenbarung wird ein Tabu genommen und etwas Implizites wird explizit besprechbar. Es entstehen Kontakt und Begegnung und damit eine Kultur, in der Unsicherheiten und Zweifel über Entscheidungen einen Platz haben. Aus der vermeintlichen Schwäche wird eine Stärke. Die Energie, die unter Umständen nötig ist, um den eigenen »Geheimen Bereich« aufrechtzuerhalten, kann anders eingesetzt werden und bindet keine unnötigen Ressourcen mehr.

INTERVIEWER Hast du ein Beispiel, von dem du sagst: »Das war sehr hilfreich, dass ich dieses Thema mit externer Stelle besprochen habe«?

INTERVIEWTE Wir sind mit einem Kooperationspartner bei einem sehr konfliktreichen Projekt in Beratung gegangen, da es zeitweise sehr eskalierte. Es waren viele Beteiligte anwesend, wo uns nachher klar wurde, wie involviert und unterschiedlich die Menschen in diesem Projekt waren. Was es für hohe Erwartungen gab. Was es für unterschiedliche Ziele und Motivationen gab. Wo der gemeinsame Nenner oder die Chance auf Entwicklung gleich null war. Es war ein bisschen wie bei einer Eheberatung. Es war klar: Das Ding geht nicht. Ich hatte mich eigentlich vorher schon entschieden, das Projekt abzubrechen. Das war aus verschiedenen Gründen schwierig. Aber es hat mich total entlastet, mich aus diesem Ding ein Stück rauszuziehen. Dafür noch eine ganz gute Form zu finden, das war total hilfreich.

INTERVIEWER Gibt es eine spezielle Methode, die dich besonders angesprochen hat?

INTERVIEWTE Naja, ich muss ja immer lachen, wenn ich an diese ganzen Plastiktiere denke. Wo ich gesagt habe: »Nein, Freunde, das ist ja wie im Kindergarten.« Den roten Wollknäuel schmeißt man sich zu und dann kann man sich Tierchen raussuchen. Aber ich habe immer noch dieses eine Knäuel, das wir aufgelegt haben. Als ich mir nachher so ein Tier nehmen durfte. Ich habe mir einen Wolf ausgesucht, der auf meinem Knie sitzt. Das Foto habe ich heute noch aufbewahrt. Wenn man sich darauf einlässt, sind diese Visualisierungs- oder spielerischen Methoden sehr nachhaltig und einprägsam. In dem Moment hat es etwas Spielerisches und du bist in einer Situation, wo du die Karten auf den Tisch legen musst. Da hilft das schon. Ich glaube, es hilft total, sich zu verorten. Und das ist ja euer Job, zu gucken, mit wem geht's und wer lässt sich drauf ein?

Das war etwas, was mir am meisten geholfen hat. Du siehst einfach, was Sache ist. Da hast du nicht ein Gespräch oder eine Flipchart-Abschrift, sondern du hast ein Produkt, das liegt vor dir, das ist haptisch, das ist sinnlich. Das ist so körperlich, dass es als Erfahrung auch viel stärker in dir bleibt, als wenn das nur eine verbale Geschichte ist. Eine Situation, mit der du dich immer wieder koppeln kannst. Ich glaube, wenn du in einer Situation steckst, erinnerst du dich eher an so ein Bild – jetzt muss ich aus diesem Dreieck raus –, als wenn du denkst, jetzt hast du einen guten verbalen Ratschlag.

> »Mit externalisierenden Interventionen geben wir Problemen oder inneren Prozessen eine symbolische Form. Das kann sprachlich geschehen oder auch gegenständlich« (Schwing u. Fryszer, 2010, S. 283).
> »Externalisierungen folgen einem ähnlichen Wirkmechanismus wie Reframing: Sie ermöglichen, die Situation aus anderen Blickwinkeln zu sehen, und stellen eine spielerische Distanz zu als ernst und schwer erlebten Problemstellungen her.« Das Problem (z. B. sich zu viel aufzuladen) erhält einen symbolischen Ausdruck (Briketts in der Tasche). Der Umgang mit dem Symbol (sich über die Last ärgern und Ballast abzuwerfen) lädt ein, dies auch auf den Alltag zu übertragen (S. 287).

INTERVIEWER Wenn du jetzt als Führungskraft einen Wunsch an externe Coaches, Berater und Supervisoren hättest, welcher wäre das?

INTERVIEWTE Ich würde mir wünschen, dass sich Führung eher normalisiert. Es wird oft als Leadership, agiles Management etc. konnotiert. Die meisten Führungssituationen sind relativ normale Alltagssituationen, in denen du Entscheidungen in einem sozial-organisationalen Kontext triffst, die du lebensweltlich kennst. Dieser Hype um Führung, verbunden mit einem dicken Auto etc., diese ganzen Insignien der Macht, die dazugehören, da könnte man mal humoristisch draufgucken und überlegen: Was gibt es an Alternativen? Denn es gibt viele Alternativen. Dass man eben nicht als Start-up belächelt wird oder als ein Kollektiv. Dass die gelebte Praxis auch in größeren Zusammenhängen eine Chance kriegt.

Macht im Kontext Führung
- Wie möchten Sie als Führungskraft wahrgenommen werden?
- Auf einer Skala von 1 bis 10, wenn 1 niedrig und 10 hoch ist, wie wichtig ist Ihnen Macht?
- Was sind Ihre Insignien der Macht?
- Wie werden diese in Ihrer Organisation gelebt?
- Welche könnte ich von außen erkennen?
- Wie würden es Ihre Kolleginnen und Kollegen beschreiben?
- Welches Verhalten könnte ich bei Ihnen im Umgang mit den Insignien der Macht beobachten?

INTERVIEWER Wer würde am ehesten davon profitieren, wenn das gelingt?

INTERVIEWTE Solange es Männer gibt, die so aufgewachsen sind, wird es immer diese Strukturen geben. Sobald sich das immer noch weiter generiert als einzige Möglichkeit der Führung. Wobei ich nicht sage, dass eine weibliche Führung anders wäre.
  Ich glaube, dass viele Organisationen wissen, dass es so, wie sie es im Moment machen, suboptimal und nicht mehr zeitgemäß ist. Dass die Mitarbeitenden auch zunehmend unzufrieden sind. Die ganze Work-Life-Balance und Vereinbarkeit von Familie und Beruf und »ich will mich selber verwirklichen«, das geht in diesem straffen Kontext nicht gut überein. Ich glaube, wenn man andere Modelle erproben und durchzusetzen sich trauen würde, wäre das schon ein Anfang.

INTERVIEWER Das heißt, mal angenommen, es gäbe einen ganz wichtigen Bedarf. Der erste Bedarf der Organisation ist was?

INTERVIEWTE Mut.

INTERVIEWER Mut? Wer oder was kann euch dabei unterstützen, mutig zu werden?

INTERVIEWTE Es braucht Vertrauen in die eigenen Fähigkeiten. Es braucht ein Wissen. Es braucht eine andere Solidarität unter Führungspersonen, das Verlassen von alten Bahnen nicht als Schwächen zu deuten, sondern wirklich als Entwicklung.

INTERVIEWER Würdest du sagen, dass Mut oder Vertrauen vorab schon vorhanden sein sollten, damit es gelingt? Oder würdest du eher sagen, da müssen neue Menschen hin, damit das auf jeden Fall gelingt? Meine Frage wäre: Denkst du, man schafft eine Kulturveränderung mit den Menschen, die bereits in einer Organisation sind?

INTERVIEWTE Wenn man wirklich alle Leute angucken würde, so, wie sie sind, ja. Wenn man noch mal anders dran rühren würde, wer wo welches Zutrauen und welchen Mut hat. Wenn du wirklich anfangen wirst, die Menschen in der Organisation mit dem, was sie sind und was sie können, die so zu bestärken, dann würde dieser Mut auch von vielen kleinen Stellen getragen werden. Und dieses Vertrauen auch.

Hilfreich wäre, wenn du oben jemanden hinsetzt, der in sich schon mutig ist, weil das eine totale Strahlkraft hat. Ich war ein Anti-Vorstand, weil ich immer gesagt habe: Geht alles nicht. Ist alles doof. Und mein Mut war anfangs der Mut der Verzweiflung, zu sagen: *So* ist das alles so doof. Ich muss es ganz anders machen. Das war jetzt aber keine »Mut-Entscheidung« aus so einer Vision, wie es alles sein könnte, sondern nur aus dem, dass es so nicht sein kann, wie es ist. Ich glaube, dass diese Visionäre oder mutigen Menschen an ganz vielen Stellen sitzen, dass man sie für die Organisation identifizieren und schulen kann. Dass du Menschen triffst, die ein Potenzial in sich haben, so gefestigt zu sein, dass sie ihren Weg so gut gehen, wenn man sie wirklich nimmt, fördert und entwickelt. Wenn ich die identifiziere, dann schnappe ich sie mir und versuche, mit ihnen den Weg mitzugehen, von dem ich hoffe, dass sie diesen auch alleine gehen können. Das ist das Schöne nach den vielen Jahren, dass da der eine oder die andere rausgekommen sind oder sich so entwickelt haben, wo ich gedacht habe: Ja, das war toll!

Mutig sein als Führungskraft
- Was bedeutet Mut für Sie?
- Auf einer Skala von 1 bis 10, wenn 1 niedrig und 10 hoch ist, wie mutig erleben Sie sich?
- Wie mutig erleben Sie Ihr Team?
- Wie mutig erleben Sie Ihre Organisation?
- Was bedeutet das für eigenes Führungshandeln?
- Welche Persönlichkeiten fallen Ihnen ein, die Strahlkraft und Mut verkörpern?
- Was können Sie an denen beobachten?
- Welche typische Körperhaltung für Mut fällt Ihnen ein?
- Welche charakteristischen Sätze sagen diese Personen?

Wodurch entsteht eine »selbstbewusste Haltung«?
Das folgende Schaubild zeigt eine solche Haltung. Diese Haltung erzeugt einen Unterschied in der Wahrnehmung. Nach ca. zwei bis drei Minuten passt sich der Geist dem Körper an und produziert »positive« Signale. Versuchen Sie mal, in dieser Position eine negative Aussage zu machen
Manchen Kunden geben wir als Anregung mit, sich in einen Türrahmen zu stellen, den Kopf nach hinten anzulegen und den Rücken möglichst gerade an den Rahmen zu pressen. Welche Unterschiede werden wahrgenommen, was fällt mir dadurch leichter, was schwerer?

Neugierig geworden? Dann empfehlen wir den TED Talk von Amy Cuddy (2012) – »Ihre Körpersprache beeinflusst, wer Sie sind« (https://www.ted.com/talks/amy_cuddy_your_body_language_may_shape_who_you_are?language=de).

INTERVIEWER Gibt es Messwerte oder Kriterien für eine erfolgreiche Beratung?

INTERVIEWTE Der Preis des Beraters ist es auf keinen Fall. Man könnte sagen, ein Messwert für den Erfolg einer Beratung ist, dass man nicht mehr hingehen muss. Das wäre für mich ein Indikator. Das fand ich bei dir auch so gut, dass es immer so lange gehalten hat. Das, was ich mitgekriegt habe, war gar nicht so, dass ich es vielleicht direkt umsetzen konnte. Aber es waberte in mir herum. Es waren Entscheidungshilfen und es haben sich Umdenkmöglichkeiten aufgetan, mit denen man ziemlich lange operieren kann. Das, finde ich, ist ein Erfolg von Beratung.

Ich finde, ein Erfolg von Beratung ist auch, wenn sich jemand entscheidet. Wenn es zu Konsequenzen führt. Die können ja ganz unterschiedlich sein. Man kann auch so beraten werden, dass man hinterher einfach weiß, das, was man macht, ist richtig. Dann verändert man nichts. Aber eigentlich sind für mich Beratungsprozesse immer die Prozesse, bei denen eine Veränderung ansteht. Oder man merkt zumindest, was man verändern muss, und wenn es sich dann verändert hat, ist es meistens auch besser. Oder anders.

INTERVIEWER Der Systemiker würde jetzt sagen, es geht um Unterschiedsbildung. Die Unterschiedsbildung könnte sowohl in dem einen als auch in dem anderen stattfinden. Durch was entsteht der Unterschied aus deiner Perspektive als Kundin?

INTERVIEWTE Ich glaube, der Unterschied entsteht dadurch, dass man die Möglichkeit hat, die Perspektive zu wechseln. Das ist eine für Führung erleichternde Variante. Dass man einfach weiß, es hilft jemand dabei, die Perspektive zu wechseln. Mit diesem Perspektivwechsel erkennt man andere Wege oder andere Punkte. Das macht wieder Chancen, Veränderungsprozesse oder Entscheidungsprozesse zu finden.

Ich glaube, eine gute Beratung ist immer eine Beratung mit einem großen Vertrauensverhältnis. Das wäre für mich auf jeden Fall total wichtig. Das ist die einzige Chance, etwas anzunehmen. In dem Moment, wo du kein Vertrauen hast, kann er oder sie reden, so viel sie will. Das ist Perlen vor die Säue werfen. Da tut sich gar nichts. So sehe ich eure Aufgabe. Ihr müsst für eure Kunden Vertrauen erzeugen und vertrauenswürdig sein.

Als Führungskraft muss ich auch vertrauenswürdig sein. Auch, weil sie dir die Führung anvertrauen. Die mich immer gehen lassen und gesagt haben: Ja, probiere es. Und das Vertrauen musst du von allen Kooperationspartnern bekommen. Auch von deinen Mitarbeitern, dass du im besten Sinne handelst. Insofern sind Vertrauen und eine tragfähige Beziehung ganz wichtige Kernpunkte.

»Was aber ist ein Unterschied? Ein Unterschied ist ein sehr spezieller und dunkler Begriff. Ganz sicher ist er kein Ding oder Ereignis. Dieses Stück Papier unterscheidet sich von dem Holz des Lesepults. Es bestehen viele Unterschiede zwischen ihnen – in der Farbe, Struktur, Gestalt usw.
Wenn wir aber anfangen, nach der Lokalisierung dieser Unterschiede zu fragen, geraten wir in Schwierigkeiten. Offensichtlich ist der Unterschied zwischen dem Papier und dem Holz nicht im Papier; er ist eindeutig nicht im Holz; er ist sicher nicht im Raum zwischen ihnen, und er ist gewiss auch nicht in der Zeit zwischen ihnen. (Ein Unterschied, der durch die Zeit auftritt, wird Veränderung genannt.)
Ein Unterschied ist also etwas Abstraktes […]. Wenn man aber in die Welt der Kommunikationen, Organisationen usw. eintritt, […] betritt (man) eine Welt, in der ›Wirkungen‹ […] durch Unterschiede hervorgerufen werden […]. Was wir tatsächlich mit Informationen meinen – die elementare Informationseinheit – ist ein Unterschied, der einen Unterschied ausmacht« (Bateson, 2014, S. 580 ff.).

INTERVIEWER Wenn du jetzt auf unser Gespräch zurückschaust, gibt es für dich einen abschließenden Satz?

INTERVIEWTE Mir ist noch mal meine Verantwortung als Führende bewusst geworden. Ich weiß zu schätzen, dass es so etwas wie Beratung, Coaching und Supervision gibt.

Die andere Variante ist, dass man es auch ganz künstlerisch sehen kann und sagt: Ja, es ist ein Spiel. Ich sitze da als bunter Paradiesvogel mit dem Job, den ich definitiv nicht angenommen hätte, wenn ich nur ein halbes Jahr Zeit gehabt hätte, genauer zu überlegen. Jetzt weiß ich, ich bin angekommen. Ich mache die Projekte, die ich machen will. Ich feiere meine Erfolge. Ich hoffe, dass die Mitarbeitenden auch zwischendrin mal ins Feiern kommen und ich nicht die Lorbeeren für mich alleine einstecke. Das ist natürlich ein Luxus und ein Vertrauen, was mir da geboten wird, welches ich so schnell nicht wiederfinden werde. Insofern ist Führung immer auch Beziehung und manchmal nicht nur Arbeit.

7 Interview Frank Kellenberg – Pharmazeutische Industrie

Worum geht's?
Transformationale Führung, Führungskräfteentwicklung, HR-Fachexpertise, positive Fehlerkultur, Kündigungsgespräche, Gestaltung von Lehr- und Lernräumen, Aufgaben einer Führungskraft, Führung in Veränderung.

Führung bedeutet für mich:
Verantwortung, Vertrauen, sich zurücknehmen, Selbstreflexion, Lernen, Coaching, Unterstützung, Ziele erreichen, gemeinsame Erfolge, Mitarbeiter entwickeln.

Kurzbiografie:
Frank Kellenberg: Erfahrener Personaler und Führungskraft mit langjähriger internationaler Expertise in den Bereichen Personal- und Organisationsentwicklung, Talentmanagement, Führungskräfteentwicklung, HR Business Partnering und Lernen. Mein Motto: *Menschen schneller voranbringen*, indem ich ihnen dabei helfe, zielgerichtete, flexible und pragmatische Lösungen zu finden, bessere Entscheidungen zu treffen und sie zum Handeln zu bewegen. Gegenseitiger Respekt, Vertrauen, Authentizität und Selbstbestimmung sind mir ebenso wichtig wie Spaß und Begeisterung sowie das Entdecken und Lernen von etwas Neuem.

INTERVIEWER Herzlich willkommen und vielen Dank für deine Bereitschaft, dass du dich mit deinem Wissen und deinem Know-how zur Verfügung stellst. Am Anfang wäre es für die Leser wichtig zu erfahren, wer du bist. In welchem Arbeitskontext finden wir dich und was sollten wir über dich erfahren?

FRANK KELLENBERG Mein Name ist Frank Kellenberg, ich bin fünfzig Jahre, in Bremen geboren und aufgewachsen. Aktuell bin ich in Basel, Schweiz, tätig als Head People & Organisation für die globalen Bereiche CRM, EM und GPA [Customer-Relationship-Management, emerging markets und government procurement markets].

Meine aktuelle Rolle als Head P&O ist eine HR-Generalistenrolle, das heißt, mit meinem Team bin ich auf der einen Seite verantwortlich für die strategische Personalarbeit, auf der anderen Seite für operative Personalthemen. Zukünftig [ab 05/2020] werde ich als Head of Organization Development bei Sandoz Transformations- und Veränderungsprojekte strategisch und beratend begleiten.

Ich habe BWL und Erwachsenenbildung studiert und über zwanzig Jahre Erfahrung im Personalbereich. Die meiste Zeit war ich im Bereich Personal- und Organisationsentwicklung tätig, was auch meine Leidenschaft ist.

Auch mit Themen wie Führung und Führungskräfteentwicklung habe ich mich immer wieder intensiv beschäftigt. Einerseits aufgrund meiner Rolle, aber auch, weil ich seit 2002 ununterbrochen als Führungskraft tätig bin. Ich habe kleine und große Teams, nationale und internationale Teams geführt. Ich führe gerne, es macht mir Spaß.

INTERVIEWER Wie viel Menschen führst du gerade derzeit?

FRANK KELLENBERG Aktuell führe ich fünf Mitarbeiter.

INTERVIEWER Was bedeutet Führung für dich?

FRANK KELLENBERG Führung bedeutet für mich, Verantwortung für meine Mitarbeiter zu haben. Das heißt eine Fürsorgepflicht zu haben, meine Mitarbeiter zu unterstützen, zu begleiten, als Sparringspartner und Coach da zu sein und sie zu entwickeln.

INTERVIEWER Du sprichst eine Entwicklungsperspektive an. Was für eine Funktion erfüllt Führung für dich?

FRANK KELLENBERG Führung findet auf verschiedenen Ebenen statt. Es ist wichtig, eine Vision und/oder eine klare Strategie zu haben und diese auch zu vermitteln. Dem Team somit eine Orientierung zu geben, in welche Richtung es geht, Zukunftsperspektiven zu formulieren und Innovationen zu ermöglichen.

Daneben gibt es für mich eine zweite Ebene, in der es darum geht, ganz klassisch Ergebnisse zu erzielen. Also Ziele vereinbaren, Probleme analysieren und bewältigen, Ergebnisse bewerten sowie ein Umfeld gestalten, indem Mitarbeiter effektiv arbeiten und ihre Verantwortung leben sowie ihre Ergebnisse erreichen können.

Was bedeutet Führung für mich persönlich? Wie sehe ich mich als Führungspersönlichkeit? Da spielen Themen wie meine Werte eine Rolle. Diese authentisch leben und als Führungskraft Selbstvertrauen ausstrahlen, um Mitarbeitern eine gewisse Sicherheit zu geben.

INTERVIEWER Hat sich das Thema »Führung« für dich im Laufe der Jahre verändert? Und wenn ja, wie?

FRANK KELLENBERG Ja, definitiv. Ich habe mich im Laufe der Jahre auch weiterentwickelt. In meiner ersten Führungsrolle wurde ich vom Kollegen zum Vorgesetzten befördert, was einige Herausforderungen mit sich brachte. Am Anfang war es für mich wichtig, die neue Führungsrolle gut auszufüllen und meine Persönlichkeit weiterzuentwickeln. Im Laufe der Jahre habe ich mich immer wieder mit Herausforderungen konfrontiert gesehen und oft haben diese Situationen mir Impulse zur Weiterentwicklung und Veränderung gegeben.

Ich habe in der Anfangsphase meiner Führungskarriere auch eine Ausbildung zum Coach und Trainer gemacht. Ich habe in Bereichen gearbeitet, in denen ich auf der einen Seite das Theoretische vermittelt und parallel meine persönliche Entwicklung als Führungskraft vorangetrieben habe.

INTERVIEWER Würdest du aufgrund deiner Erfahrung, die du gesammelt hast, eher für etwas stehen, das heißt, Führung kann man lernen oder ist erlernbar? Oder würdest du sagen, es wäre auch ganz gut, wenn man schon ein bisschen was mitbringt?

FRANK KELLENBERG Ich denke, Führung ist erlernbar. Wir Menschen sind grundsätzlich lernfähig und lebenslanges Lernen gehört zum Leben. Bestimmte Persönlichkeitsmerkmale oder Eigenschaften können aber bestimmt helfen, Führung schneller oder auch »besser« zu erlernen.

Hinzu kommt die Frage der Einstellung zur Führung. Wenn ich jetzt ein bisschen in die Vergangenheit schaue, wo in bestimmten Firmen Mitarbeiter zu Führungskräften befördert wurden, die die längste Erfahrung hatten und die, sage ich mal, die beste fachliche Expertise hatten, war das vielleicht nicht immer die richtige Entscheidung. Diese waren später nicht immer die besten bzw. erfolgreichsten Führungskräfte.

INTERVIEWER Fachlichkeit, sagst du gerade, reicht nicht aus. Wenn wir von charismatischen Persönlichkeiten sprechen: Begegnen dir diese Führungskräfte heute eher deiner Organisation als noch vor ein paar Jahren?

FRANK KELLENBERG Ja, die Diskussion über charismatische Führungskräfte ist in den letzten Jahren aufgekommen. Wenn ich gerade an bestimmte Führungstheorien denke, zum Beispiel transformationale Führung, die mit charismatischer Führung in Verbindung gebracht wird.

Ich glaube nicht, dass das die Zukunft ist. Eine Führungskraft muss ausgewogen und in Balance sein. Der oder die reine, charismatische Führungskraft, die nur auf ihre Ausstrahlung vertraut, wird langfristig nicht erfolgreich sein.

Führungskräfte, die ihren Fokus auf Ergebnisse und die Gestaltung des Umfelds setzen, sind erfolgreich. Und das darf man in der heutigen Diskussion nicht vernachlässigen, in der die schillernden Persönlichkeiten immer gerne hervorgehoben werden.

INTERVIEWER Das würde bedeuten, dass Diversität für eine Organisation hilfreich ist?

FRANK KELLENBERG Die Frage, die sich hier stellt: In welcher Situation befindet sich eine Organisation und was wird aktuell benötigt? In verschiedenen Situationen werden unterschiedliche Führungsstärken und auch Führungskräfte benötigt. Nicht jede Führungskraft ist auf jedem Führungsjob gleich erfolgreich. Man kann Erfolg nicht einfach von einer Situation bzw. Organisation auf die nächste übertragen. Wenn ein bestimmter Kontext eine andere Art von Führung erfordert und die Führungskraft nicht so agil ist, um sich an die neue Umwelt und den Kontext anzupassen, kann das auch mal schiefgehen.

INTERVIEWER Jetzt sprichst du die Adaptionsfähigkeit, Anpassungsfähigkeit an sich verändernde Umwelten an. Würdest du sagen, das ist heute mehr denn je als vielleicht noch vor zehn Jahren eine Qualität von Führungskräften, die unabdingbar ist?

FRANK KELLENBERG Schon vor zwanzig Jahren gab es Veränderungen. Als ich damals in einem IT-Unternehmen angefangen habe, gab es eine große Umstrukturierung. Wir haben schon zu dieser Zeit von Change gesprochen und hatten Change Agents, die diesen begleiteten. Doch unsere Umwelt ist in den letzten Jahren zunehmend komplexer (Digitalisierung, Globalisierung usw.) geworden. Und wir müssen uns fragen, wie gehen wir heute und zukünftig damit um?

INTERVIEWER Was könnte ich jetzt bei euch Neues zum Thema »Führungskräfteentwicklung« entdecken?

FRANK KELLENBERG Wir wissen heute mehr über Führungskräfteentwicklung als noch vor 15 oder zwanzig Jahren. Und ich sehe auch, dass viele Unternehmen darauf reagieren und das Angebot für Führungskräfte anpassen.

INTERVIEWER Würdest du sagen, dass es heute schwieriger ist, Führungskräfte zu finden, die Lust auf die Aufgabe haben?

FRANK KELLENBERG Nein, das hat sich nach meiner Erfahrung nicht verändert. Es gibt noch immer eine Vielzahl von Mitarbeitern, die Führungskraft werden wollen. Die Motivation jedes einzelnen ist allerdings unterschiedlich.

Ist es der Titel, die Macht, die Hierarchie, das Geld? Oder ist es tatsächlich der Wunsch, zu führen?

INTERVIEWER Was denkst du, wo wir Führung in zehn Jahren sehen werden? Viele sprechen davon, dass Führung mehr und mehr sich selber abschaffen soll, im Sinne von Selbstorganisation und selbststeuernden Organisationseinheiten.

FRANK KELLENBERG Ich denke, dass die Anforderungen von Selbstführung und Selbstverantwortung der Mitarbeiter größer werden und dass Führung sich dementsprechend weiterentwickeln muss. Hier stehen die Themen »Wie führe ich effektiv im jeweiligen Kontext und was wird von mir erwartet?« im Mittelpunkt.

Führung an sich wird sich meiner Meinung nach nicht abschaffen. Die Organisationen werden sich verändern, anpassen und flexibler, agiler werden. Die Art und Weise der Führung wird sich ändern. Führung an sich wird auch in Zukunft relevant bleiben.

INTERVIEWER Was ist die Aussage dahinter zu den Menschen, die in den Organisationen arbeiten? Diese passen sich wahrscheinlich auf eine gewisse Art und Weise immer wieder neu an. Was für eine Aussage könnte man über deren Bedürfnisse und Wünsche treffen?

FRANK KELLENBERG Wichtig ist, dass Menschen ein Gefühl der Zugehörigkeit haben. Finden sie für sich eine befriedigende Antwort auf die Frage, ob sie einen Platz in der Organisation haben? Auch wenn aufgrund agiler Strukturen und flexiblen Rollen dieser Platz nicht immer so klar ist. Mitarbeiter benötigen Orientierung. Dazu sollte Führung in Zukunft entscheidend beitragen. Ich merke schon heute, dass das Bedürfnis nach Führung da ist. Ein Bedürfnis, Orientierung und Klarheit zu haben und die Erwartung an Führungskräfte hier zu unterstützen.

Was bedeutet das für mich, für mein Team, für unsere Abteilung, für die Organisation insgesamt? Das sind spannende Dialoge, die wir schon heute führen. Nicht nur mit Führungskräften, im Sinne von: Was bedeutet das für ihre Rolle? Sondern auch in Bezug auf die Mitarbeiter und deren Erwartungen. Und damit auch, welche Erwartungshaltung haben sie an ihre Führungskraft?

Grundsätzlich ist nicht die Frage, ob wir zukünftig noch Führungskräfte haben, sondern: Wie entwickelt sich Führung weiter?

INTERVIEWER Wenn man sich jetzt ein bisschen schlau macht mit soziokratischen und holokratischen Prinzipien, geht es ja eher darum, dass Führung immer noch weiter ein Bestandteil sein wird. Es geht aber mehr um Selbstverantwortung und Beteiligung. Also, dass die Menschen in ihren einzelnen Rollen viel mehr Verantwortung für ihr eigenes Handeln und Tun übernehmen.

Gleichzeitig aber mehr partizipative oder sogar gleichberechtigte Momente entstehen. Jeder hat eine Stimme und die Stimme des Mitarbeiters ist genau so viel wert, wie die der Führungskraft.

Kannst du dir vorstellen, dass so etwas auch in großen Organisationen wie bei euch möglich ist? Dass Entscheidungsprozesse eine ganz andere Form bekommen und eher über Rolle, Selbstverantwortung und im Sinne der Partizipation aufgebaut werden?

Kollegiales Unternehmen
»Mit der kollegialen Führung verfolgen wir einen Ansatz, die Strukturen und Prozesse der Organisation entlang bestimmter Prinzipien steuern, statt Menschen ändern zu wollen« (Oestereich u. Schröder, 2017, S. 20).

Mythen, was Selbstorganisation bedeuten soll	Was kollegiale Führung stattdessen ist
Die Abwesenheit oder Leugnung von Hierarchien	Kollegial geführte Organisationen sind wie jedes soziale System hierarchisch organisiert. Nur dass die formale Hierarchie jetzt mehr der sozialen Realität entspricht. Sie verteilen Verantwortung dynamisch und situativ flexibel an die jeweils passenden Personen.
Demokratisch oder basisdemokratisch	Der Zweck kollegialer Führung ist, schneller und flexibler zu entscheiden. Demokratische Prozesse sind hierfür zu lang.
Eine Organisation ohne Führung	Kollegial geführte Organisationen praktizieren mehr Führung, nämlich als selbstverständliche Ergänzung der wertschöpfenden Arbeit und nicht beschränkt auf die Geschicke und Talente einiger zentraler und exklusiver Führungskräfte.
An den individuellen Bedürfnissen der Mitarbeiter orientiert statt an ökonomischen Interessen	Der Zweck eines Unternehmens ist die Erzeugung von Kundennutzen – so profitabel, dass das Unternehmen für Inhaber und Mitarbeiter sinnvoll ist.

Mythen, was Selbstorganisation bedeuten soll	Was kollegiale Führung stattdessen ist
Ein elitärer Ansatz, der ganz besondere Werte, Haltungen oder Persönlichkeiten der Mitarbeiter voraussetzt	Ein Unternehmen sollte funktionieren, ohne Voraussetzungen an die Haltung und Persönlichkeit der Mitarbeiter zu stellen. Stattdessen sind Führungs- und Organisationswerkzeuge zu wählen, die so einfach benutzbar sind, dass jeder Mitarbeiter in jedem Unternehmen sie ohne über durchschnittliche Voraussetzungen gut anwenden kann und mag. So weit sind wir noch nicht. Aber auf dem Weg. Einige wenige kommunikative Basisfertigkeiten sind generell wichtig.

(Oestereich u. Schröder, 2017, S. 26)

FRANK KELLENBERG Ein spannender Gedanke und ich kann mir gut vorstellen, dass das etwas ist, das Organisationen auch gerne einführen und leben würden.

Ich glaube aber, dass wir in diesem Zusammenhang von Mitarbeitern oft zu viel fordern. Wir geben den Mitarbeitern mehr Verantwortung und erwarten dann auch, dass diese dementsprechend handeln. Aber wirkliche Unterstützung dabei, wie genau das aussieht, geben wir nicht. Auch fehlt es oft an den Fähigkeiten, und diese zu entwickeln, ist ein zeitintensiver Prozess.

INTERVIEWER Wir waren bei euch in der Organisation. Was ist deine Erwartungshaltung an Externe, die Führungskräfte begleiten? Wenn du an Coaches, Beraterinnen, Supervisoren oder auch Trainerinnen denkst, was ist deine Erwartungshaltung an diese Menschen?

FRANK KELLENBERG Ich glaube, dass es schon wichtig ist, eine gewisse Feldkompetenz zu haben. Kenne ich mich in der Führung aus, wenn es um Führungskräfteentwicklung geht? Geht es um bestimmte Erfahrungen wie Projektthemen oder Sonstiges?

Bei Coaches erlebe ich es außerdem als hilfreich, wenn sie das Umfeld des Unternehmens kennen. Zu wissen, welche Herausforderung das Unternehmen hat. Oder in welchem Umfeld es sich bewegt. Um so besser auf die Bedürfnisse des Coachees oder des Trainingsteilnehmers eingehen zu können. Der externe Coach muss nicht der Fachexperte sein, aber er sollte schon Verständnis von der Organisation haben, in der er tätig ist.

Ich habe schon oft erlebt, dass Externe mit einer Idee oder klaren Vorstellungen ins Unternehmen kommen, die dann nicht funktioniert haben. Und da bin ich jetzt bei dem, was ich vorhin über Führung sagte. Eine Führungskraft, die in einem bestimmten Kontext erfolgreich war, ist in einem anderen nicht gleich genauso erfolgreich.

INTERVIEWER Du sprichst wieder die Adaptionsfähigkeit an. Flexibel auf unterschiedliche Umwelten oder Anforderungen zu reagieren. Und die Erwartung an Coaches oder an Berater wäre, dass die Adaptionsfähigkeit vorhanden ist.

Wo setzt ihr diese Menschen ein? Habt ihr besondere Programme, oder ist das quer durch die ganze Organisation breit gefächert?

FRANK KELLENBERG Letzteres. Die Bereiche, in denen wir externe Berater einsetzen, sind sehr vielfältig.

INTERVIEWER Habt ihr eine Erfolgskontrolle? Woran erkennt ihr, ob das Coaching, die Beratung erfolgreich war? Woran würdest du erkennen, ob es erfolgreiche Prozessbegleitung gewesen ist?

FRANK KELLENBERG Wichtig ist zum Beispiel beim Coaching, dass am Anfang eine gute Analyse stattfindet. Warum findet das Coaching statt? Was ist das Ziel des Coachings? Welche Veränderung wird angestrebt? Was sind die Themen, die danach sichtbar anders sein sollen, oder welches Verhalten soll sich verändern?

Auftragsklärung
In der systemischen Arbeit verstehen wir Beratung und Coaching als Prozess, dessen Ergebnis nicht vorhersagbar ist. In diesem Zusammenhang ist die Formulierung »Auftragsorientierung« oder »-bindung« vielleicht hilfreicher. Wir orientieren uns an den Interessen des Auftraggebers, lassen uns aber gleichzeitig die Freiheit, andere Blickwinkel zuzulassen und sie dem System zur Verfügung zu stellen.

Jeder formulierte Auftrag ist eine Kommunikation, die von jemandem getätigt wird, und damit eine Aussage über die Funktionalität des Systems. Hier können sich bereits bestehende Normen und Strukturen sowie »blinde Flecken« abbilden.
Auftragsklärung ist immer »Jetzt« und somit ein Dauergeschäft, wenn prozessorientiert gearbeitet wird. Eine hilfreiche Unterscheidung von Anlass, Anliegen und

Auftrag hat sich in der Arbeit bewährt und kann als Orientierungs- und Strukturierungshilfe in Gesprächen genutzt werden.

Anlass
- Was ist der Anlass für unser Gespräch?
- Was ist/war der Auslöser?
- Wozu gerade jetzt ein Gespräch führen?
- …?

Anliegen
- Was soll hier geschehen?
- Wer möchte hier was erreichen?
- Was sollte am Ende des Gespräches stehen?
- …?

Auftrag
- Wer erwartet hier was von wem?
- Welche Vereinbarung können wir treffen?
- Woran könnten wir eine kooperative Gesprächsführung erkennen?
- …?

Als Berater und Coach haben wir die Aufgabe, die Metaperspektive, den »Blick von oben« zur Verfügung zu stellen. *Was* gesagt wird, gibt uns Informationen aus dem System heraus. *Wie* es gesagt wird, könnte eine neue Information für das System sein.

INTERVIEWER Bei euch finden immer Evaluationsgespräche mit Zwischenbilanzen statt?

FRANK KELLENBERG Ja, das sieht der Prozess so vor.

INTERVIEWER Gibt es irgendwie etwas, wo du sagen würdest, da würden wir Externe eher ungern reinlassen, das machen wir lieber selbst?

FRANK KELLENBERG Wir sind im Unternehmen ziemlich offen für den Blick von außen, um nicht betriebsblind zu werden. Wir arbeiten mit Beratern aus den verschiedensten Themenfeldern, die uns begleiten.

INTERVIEWER Wenn wir jetzt ein bisschen auf dich kommen. Du bist eine Führungskraft. Wenn du deine eigene Entwicklungsgeschichte als Führungskraft ein bisschen beschreibst: Wovon könnten die Leser profitieren?

FRANK KELLENBERG Für mich waren die herausforderndsten Situationen die, in denen es darum ging, sich von Mitarbeitern zu trennen, und wo es um Konflikte ging. Schwierige Situationen, die man nicht jeden Tag hat – zum Glück. Doch diese zu managen und durchzustehen … Allein oder gemeinsam mit dem Team. Und dann daraus zu lernen und sich weiterzuentwickeln.

Kündigungsgespräche führen

– Vorbereiten, vorbereiten, vorbereiten
  Kündigungsgespräche sind für beide Seiten belastend. Je besser Sie vorbereitet sind, umso entlastender kann es werden. Sie sollten sich im Vorfeld über Ihre rechtlichen Möglichkeiten im Klaren sein. Was brauchen Sie als Führungskraft, um souverän ins Gespräch zu gehen? Wie gehen Sie mit Emotionen um?
– Gewährleisten Sie einen störungsfreien Ablauf
  Das Gespräch sollte vertraulich (ggf. mit einem Zeugen) ablaufen. Vermeiden Sie Störungen durch Telefon, klopfende Kollegen etc. Fertigen Sie ein Protokoll an, das möglichst von allen Parteien unterschrieben wird. Terminieren Sie Kündigungsgespräche möglichst auf den Wochenanfang zu Beginn des Arbeitstages. So können die Mitarbeiter handlungsfähig bleiben. Kündigungen zum Ende des Arbeitstages oder zum Wochenende sind ggf. unfair dem Mitarbeitenden gegenüber.
– Zügig auf den Punkt kommen
  Reden Sie nicht um den heißen Brei herum, vermeiden Sie langen Smalltalk. Benutzen Sie keinen Konjunktiv und schildern Sie die Situation so, wie sie ist. Benutzen Sie die Wörter »Kündigung« und »Trennung«, damit klar ist, worum es geht. Beschränken Sie sich auf die Fakten und lassen Sie sich auf keine Diskussion ein.
– Stellen Sie sich auf Emotionen ein
  Weinen, Beschimpfungen oder sonstige Gefühlsausbrüche sind normal. Jeder Mensch reagiert individuell auf Krisen. Eine Kündigung ist eventuell auch mit existenziellen Nöten, persönlicher Kränkung und einem Gesichtsverlust verbunden.
  Geben Sie Raum für Emotionen und nehmen Sie diese nicht persönlich. Sie sind Stellvertreter für das System. Achten Sie auf ausreichende Pausen. Wenn Sie

merken, dass kein weiteres Gespräch mehr möglich ist bzw. keine Informationen mehr aufgenommen werden können, beenden Sie das Gespräch. Vermeiden Sie Floskeln (»Das wird schon wieder« etc.). Sie steuern den Prozess!
- Weiteres Vorgehen klären
  Worauf muss sich der Mitarbeiter einstellen? Welche finanzielle Regelung tritt in Kraft? Wie wird die Kündigung intern kommuniziert? Ist der Mitarbeiter freigestellt? Welche Urlaubsansprüche gibt es noch? Was passiert mit Dienstwagen, Diensthandy, Laptop etc.? Wann wird das Arbeitszeugnis ausgehändigt? Diese und weitere Fragen sollten die Führungskraft im Vorfeld geklärt haben.
- Umfeld
  Eine Kündigung spricht sich sehr schnell in der Belegschaft herum. Sprechen Sie zeitnah darüber, bevor Gerüchte entstehen und eine Eigendynamik entsteht.
  (nach Andrzejewski u. Refisch, 2015)

FRANK KELLENBERG Man sollte diese Situationen nicht vermeiden, aber man muss sie auch nicht jeden Tag suchen – das kann anstrengend werden. Wenn die Situationen da sind, dann sollte man sich diesen stellen und sich ausprobieren. Man macht sicherlich Fehler. Fehler waren für mich sehr hilfreich, denn ich konnte draus lernen. Das Positive rausziehen und sich fragen, was bedeutet das für mich als Führungskraft, als Führungspersönlichkeit? Was möchte ich zukünftig anders machen? Was habe ich daraus gelernt? Das ist wichtig, um sich zu entwickeln.

Hilfreiche FEHLER

INTERVIEWER Gibt es irgendwelche Fettnäpfchen, in die du heute nicht mehr treten würdest?

FRANK KELLENBERG Am Anfang habe ich versucht, Theorie eins zu eins in die Praxis umzusetzen. Wenn ich gemerkt habe, dass es schwierig wurde, habe ich mich als Person herausgenommen und alles sachlich, fachlich und theoretisch bearbeitet. In diesen Situationen hätte ich mich mehr als Mensch zeigen können, um nahbarer zu sein – Schwächen und Gefühle zeigen.

INTERVIEWER Hast du die Erfahrung gemacht, dass, wenn du dich als Führungskraft auch zweifelnd oder fragend gezeigt hast, auch positive Resonanz bekommen hast?

FRANK KELLENBERG Ja, definitiv. Für mich ist das Authentizität. Ich habe oft gehört, wirklich authentisch kann man im Job nicht sein, weil man eine Rolle hat. Ja, und diese Rolle authentisch leben, das macht aus meiner Sicht eine Führungskraft aus. Das war auch das Feedback aus der Organisation und von den Mitarbeitern. Sie haben einen Menschen gesehen. Nicht irgendjemand, der irgendwas ausführt – sondern jemanden, den etwas bewegt und beschäftigt. Der eben auch nicht alles weiß und nicht alles kann. Gemeinsam mit den Mitarbeitern und Kollegen Wege und Lösungen zu finden, das ist mir wichtig in meiner Rolle als Führungskraft.

INTERVIEWER Wenn du an neue Führungskräfte denkst, die gerade aus dem Assessment Center rausgekommen sind und jetzt kurz davorstehen, in die neue Position zu kommen. Was würdest du denen gerne mit auf den Weg geben wollen?

FRANK KELLENBERG Es ist noch gar nicht so lange her, da war ich in einer ähnlichen Situation. Ich habe in Deutschland die HR-Einheit übernommen. Aus meiner damaligen Rolle als Head of Talent Management & Organisationsentwicklung. Ich habe angefangen zu überlegen, was bedeutet dieser Wechsel? Wie muss ich mich verhalten etc.? Irgendwann habe ich mir gesagt, ach komm, ich übertreibe jetzt ein bisschen. Das Nachdenken darüber, wie sollte ich, wie könnte ich und was wäre das Beste, ist nicht unbedingt hilfreich gewesen. Vor allem, als der Druck, Entscheidungen zu treffen, stärker wurde. Da habe ich mich entschieden zu handeln, mich so zu verhalten, wie ich glaube, dass es in dieser Rolle erforderlich ist, und habe angefangen, Dinge auszuprobieren. Im Nachhinein habe ich dann über die Situationen reflektiert – war das so gut oder nicht gut? Was kann ich nächstes Mal besser machen? Ich habe aus meinem Verhalten und meinen Erfahrungen gelernt. Das würde ich gerne jungen Führungskräften an die Hand geben. Nicht so viel und zu lange zu überlegen, sondern zu handeln. Sich ein bisschen vom Bauchgefühl leiten zu lassen. Fehler wird man sowieso machen.

INTERVIEWER Das erlebe ich in Coachings als eine der größten Herausforderungen. Führungskräfte haben oft die Idee, in Kategorien von richtig, falsch und Fehlern unterwegs zu sein. Sie haben Angst, Entscheidungen zu treffen, die sie vorher nicht absehen können. Erlebst du das auch bei euch?

FRANK KELLENBERG Ja. Gerade wenn man aus einer Welt kommt, in der viel reguliert wird. Wenn die Organisation sehr stark über fest definierte Prozesse organisiert ist und Standards festlegt hat. Manche Führungskräfte denken, ich darf jetzt bloß nichts falsch machen, es muss alles richtig sein – und sie erleben dadurch Druck. Sie reagieren nicht mehr natürlich und probieren weniger aus. Das erlebe ich gerade bei jungen Führungskräften, die fast schon Panik davor haben, aufgrund der eben noch nicht gemachten Erfahrung aktiv zu werden.

»Es lebe der Fehler! Denn wenn Sie Fehler machen, mit dem Desaster flirten oder einfach gänzlich scheitern, werden Sie besser. Andernfalls bleiben Sie in einem Sumpf aus achselzuckender Mittelmäßigkeit stecken.

Klar, wahrscheinlich werden Sie sich nie nervös, verlegen oder gar gedemütigt fühlen – aber Sie werden auch nie bewundert werden. Sie werden langweilig. Wenn Sie kreativ sein, originelle Arbeit leisten und immer mal wieder jemanden total überraschen wollen, müssen Sie die Angst überwinden, dumm dazustehen.

Bemühen Sie sich um Fehler. Üben Sie, sie überall zu entdecken. Lernen Sie sie kennen und nehmen Sie sie mit auf einen romantischen Wochenendtrip. Fehler sind nicht tödlich – ganz im Gegenteil. Sie sind ganz wunderbar« (Kessels, 2018, S. 165).

INTERVIEWER Die Erfahrung muss halt gemacht werden. Das ist dann die Frage: Welche Erfahrung werden wie auf welche Weise gemacht? Und passt das in den organisationalen Kontext, der eine Fehlerfreundlichkeit hat?

FRANK KELLENBERG Wichtig ist, dass im Unternehmen eine Kultur existiert, die erlaubt, Fehler zu machen und aus diesen zu lernen. Ich unterscheide gerne zwischen wirklich dummen Fehlern, die ich hätte vermeiden können, indem ich zum Beispiel vorab nachgefragt, Informationen gesammelt und ausgewertet hätte, und solchen, die trotz bester Absichten passiert sind. Diese bringen Erfahrungen, die wichtig sind, um sich weiterzuentwickeln und es in Zukunft besser zu machen.

INTERVIEWER Welche Frage zum Thema »Führung« hättest du noch gerne von mir?

FRANK KELLENBERG Macht es Sinn, wirklich in Führung zu investieren, in Führungskräfteentwicklung? Das ist eine Frage, die ich oft höre. Gerade im

Trainingsbereich und dem damit verbundenen Führungskräfteentwicklungsbereich wird schnell gespart. Es gibt kein Budget und irgendwie läuft das schon. Wir machen ersatzweise etwas, das günstig ist, ein Mentoring, oder führen ein Buddy-System ein. Mit guter Intention, und es sind ja auch gute Instrumente. Jedoch beruht dann vieles mehr oder weniger auf Selbstorganisation und Selbstverantwortung. Ich bin grundsätzlich dafür, in Führung zu investieren. Das heißt in Führungskräfteentwicklung, in Unterstützung und Begleitung von Führungskräften, aber auch in die Führungskultur. Ich glaube, dass es sinnvoll und hilfreich ist, um auch in Zukunft erfolgreich zu sein.

INTERVIEWER Was braucht es auf jeden Fall in Führungskräfteentwicklungsprogrammen aufgrund deiner Erfahrung, die du in den Jahren gesammelt hast, damit es gelingt?

FRANK KELLENBERG Für mich ist ein »Must Have«, dass ich den Führungskräften Raum und Zeit gebe, sich mit sich selbst und dem Thema »Führung« auseinanderzusetzen. Das kann in unterschiedlicher Weise stattfinden. In begleitenden Entwicklungsprogrammen oder zum Beispiel durch Coaching. Dass ich jungen und erfahrenen Führungskräften Raum gebe, über Führung zu reflektieren. Über das, was sie bis dato erfahren haben, was sie aktuell machen und was sie zukünftig anders machen wollen. Ich glaube, das ist etwas wirklich Wichtiges, wenn wir über das Thema »Führungskräfteentwicklung« reden – (Frei-)Raum schaffen.

Ein aktueller Trend ist, dass Unternehmen in Digitalisierung investieren – auch im Trainings- und Entwicklungsbereich. In Lizenzen, die sie kaufen und Mitarbeitern als Webbased Learning Solution anbieten. Sie sagen: »Hier ist eine Möglichkeit zum Lernen, indem ihr den Onlinekurs absolviert.« Ich glaube, das ist das falsche Verständnis von dem, was ich meinte, wenn es darum geht, Zeit und Raum zu geben. Ich meine, ein Unternehmen muss Raum schaffen, der den Führungskräften die Möglichkeit gibt, dass sie zusammen reflektieren können, sich austauschen und dabei auch begleitet werden können.

INTERVIEWER Ich erlebe in Organisationen vielfach, dass gerne versucht wird, an bestimmten Dingen die Zeit abzuschneiden. In Zeiten, in denen es ökonomisch vielleicht nicht ganz so gut läuft, geht es eher in Richtung Rezepte: »Ich hätte gerne was Fertiges, sagen Sie mir, wie es geht.« Das ist konträr ist zu dem, wie du es eben gerade beschrieben hast. Einen offenen Raum aufzumachen, in dem Reflexionen stattfinden können. Ohne sofort mit Rezepten zu kommen. Wenn du das machst, passiert das und wenn du das machst, passiert das. Je höher der Druck in Organisationen steigt, umso mehr kommt wieder dieses »ich hätte doch gern lieber das Rezept. Das geht auch schneller«.

FRANK KELLENBERG Ich verstehe den Wunsch und es wäre klasse, wenn es so läuft. Aber leider ist es ja nicht so einfach. Und genau das ist ja, was du auch gerade gesagt hast. Menschen verändern sich nicht so schnell und brauchen Zeit dafür.

INTERVIEWER Das Rezept würde ich auch kaufen. Wenn es dir irgendwo begegnet, kaufe ich es.

FRANK KELLENBERG Dito. Ich suche das Rezept auch schon seit zwanzig Jahren und habe es noch nicht gefunden.

8 Interview Christian Fehling – Automobilbranche

Worum geht's?
Coaching als Führungsinstrument, Führung ist fluide und im Wandel, Veränderung als Herausforderung, Vertrauen in Mitarbeiter, Offenheit in schwierigen Zeiten, Führung durch Kommunikation und Feedback, Coaches sollten flexibel sein, mutig sein als Führungskraft, Führung sollte sichtbar sein.

Ford-Werke GmbH in Deutschland

Seit der Gründung der Ford-Werke am 18. August 1925 in Berlin hat Ford über 40 Millionen Fahrzeuge produziert. Köln ist seit 1930 der Stammsitz des Unternehmens und seit 1998 auch der Sitz der Verwaltung von Ford Europa, die von hier aus 51 Märkte betreut. Heute beschäftigen die Ford-Werke GmbH in Köln, Saarlouis und zusammen mit weiteren Standorten insgesamt mehr als 20.000 Beschäftigte aus mehr als 50 Nationen. Die Werke Saarlouis und Köln, in denen die Erfolgsmodelle Ford Focus und Ford Fiesta für internationale Märkte gebaut werden, zählen nicht zuletzt wegen der angegliederten Zuliefererparks zu den produktivsten Werken der gesamten europäischen Automobilindustrie.
Im Rahmen einer ausgedehnten Produktinitiative führt Ford in den nächsten Jahren eine Reihe von Elektrofahrzeugen ein, unter anderem den vollelektrischen Mustang Mach-E.

Führung bedeutet für mich:

Führung bedeutet für mich vor allem das Schaffen von Gemeinsamkeiten und die Ausrichtung von Personen und Persönlichkeiten auf diese gemeinsamen Ziele. In diesem Zusammenhang kann die gemeinsame Ausrichtung von handelnden Personen (im geschilderten Fall vor allem Werkleitung und Sozialpartnern) gar nicht ausreichend genug gewürdigt werden. Es sind die handelnden Personen, die in herausragender Stellung mit Charisma und Persönlichkeit für die gemeinsame Ausrichtung sorgen.

Kurzbiografie:
Christian Fehling ist seit 2014 als Personalleiter im Motoren- und Druckgusswerk der Ford-Werke GmbH aktiv. Er ist seit 1994 in unterschiedlichen Positionen im Unternehmen tätig, die Bandbreite reicht dabei von der Aus- und Weiterbildung (bspw. Führungskräftetraining, Fachtraining für europäische Stabsbereiche) über Organisationsentwicklung (bspw. Prozessbegleitung im Bereich Lean Manufacturing) bis hin zu Personalleitertätigkeiten an verschiedenen Standorten.

Das Studium der Sozialwissenschaften und BWL, eine Ausbildung im Bereich Coaching und Organisationsberatung, aber auch eine Lehre als Industriekaufmann haben bei ihm die feste Überzeugung von der Wichtigkeit lebenslangen Lernens reifen lassen. Mit einer Berufsmusikerin verheiratet, zählt er selbst das Spiel am Kontrabass zu seinen Hobbys und genießt das gemeinsame Musizieren. Mit vier Söhnen in der Familie spielt Teamarbeit auch im Privatleben eine wichtige Rolle.

CHRISTIAN FEHLING Mein Name ist Christian Fehling. Ich habe in Göttingen Diplom-Sozialwissenschaften studiert und nach dem Studium zunächst als Referent gearbeitet.

1994 habe ich bei Ford in der Aus- und Weiterbildung meinen Einstieg gefunden. In den ersten Monaten habe ich unterschiedlichste Stationen durchlaufen. Die Ford-Philosophie ist immer gewesen, dass Graduates und jungen Führungskräften die Gelegenheit gegeben wird, in verschiedene Bereiche in kurzer Zeit »reinzuriechen«. Ich habe meine ersten zehn Berufsjahre bei Ford in der Aus- und Weiterbildung verbracht und zunächst akademische, berufsbegleitende Programme für Ford koordiniert. Das waren größtenteils Programme, die in England stattgefunden haben. Wir haben damals unsere jungen Führungskräfte fast immer an Universitäten geschickt, die in England stationiert waren. Was eine sehr schöne Einstiegszeit für mich war. Ich habe darüber die Gelegenheit bekommen, direkt international zu arbeiten, auch überwiegend in englischer Sprache. Und natürlich so die Ford-Organisation mit all ihren Facetten – auch auf internationaler Basis – kennenzulernen. Die Leute, die ich dann betreut habe, kamen aus den unterschiedlichsten Bereichen und Ländern. Insofern konnte ich ein breites Netzwerk aufbauen.

Viele Jahre habe ich die ersten Bereichsvorgesetzten in der Produktion (in der Ford-Logik: Kolonnenführer oder Teamcoaches) in drei- oder vierwöchigen Maßnahmen trainiert. Das sind Führungskräfte, die jeweils acht bis zehn Mitarbeiter in der Fertigung führen. Produktionsmitarbeiter zu trainieren ist mit das Schönste, was man machen kann. Und das empfinde ich heute immer noch so. Sie haben viele Mitarbeiter mit internationalem Hintergrund. Die sind handfest, offen und sehr direkt. Da konnte ich viel lernen, wie Trainingsmaßnahmen auf eine tolle, angenehme, aber auch sehr direkte Art und Weise durchgeführt werden können.

Als letzte Tätigkeit habe ich europaweite Trainings in der Learning- und Development-Organisation für einige große Stabsbereiche – also HR, Finanz, Einkauf, Marketing und Sales – verantwortet. Dort war es meine Aufgabe, mit einem Team von internationalen Trainingsexperten Konzepte zu entwickeln und für die Ford-Organisation in Europa anzubieten. Das war eine sehr lehrreiche Zeit. Bis dann irgendwann der Ruf oder die Frage kam, ob ich Interesse hätte, in die eigentliche Personalarbeit zu wechseln.

Am Anfang war ich zuständig für die Management- und Führungskräfteentwicklung in den europäischen Powertrain-Werken. Das waren damals Werke in Spanien, England, Wales, Frankreich und Deutschland. Von da aus bin ich nach einiger Zeit nach Aachen zum Ford-Forschungszentrum mit ca. 300 Mitarbeiterinnen und Mitarbeitern als Personalleiter gewechselt. Seit fünf Jahren bin ich als Personalleiter im Motoren- und Druckgusswerk am Standort Köln tätig.

Nebenbei habe ich eine systemische Organisationsberatungsausbildung über zwei Jahre absolviert, die damals vom Unternehmen getragen wurde.

Kontakt: cfehling@ford.com, christian.fehling@t-online.de

INTERVIEWER Was war Ihre Motivation, diese Fortbildung zu absolvieren?

CHRISTIAN FEHLING Naja, sagen wir so, wenn Sie beratend tätig sind, wenn Sie in einem Unternehmen arbeiten, das Coaching als wesentliches Führungsinstrument – auch schon vor vielen Jahren – eingeführt hat; und wenn Sie Organisationsberatung und Organisationsentwicklung zum eigenen Schwerpunkt in der Organisation haben: Dann ist es natürlich naheliegend, sich mit den Instrumentarien zu beschäftigen, die für Organisationsberatung Sinn machen. Da war mir die systemische Organisationsberatung schlicht und einfach am sympathischsten. Das systemische Denken verbindet sehr schön die analoge und digitale Sichtweise, was sowohl den Kopf als auch Herz und Bauch anspricht.

»Unser Leben wird maßgeblich von Organisationen bestimmt – ohne dass wir aber jemals dafür ausgebildet wurden, wie wir mit diesen zurechtkommen sollen. [...] Organisationen sind in der modernen Gesellschaft so dominant, dass schon kürzere Phasen der Organisationsferne als außergewöhnlich angesehen werden. Die Weltreise von einem Jahr ist nicht nur durch einen Abschied von

> Familie und Freunden gekennzeichnet, sondern gerade auch durch einen temporären Verzicht auf Organisationskontakte. Häufig liegt die Motivation für eine solche Reise gerade in einer ›Überdosis Organisation‹ […]. Aber selbst wenn wir intuitiv begreifen, wann wir es mit einer Organisation zu tun haben, fällt es uns häufig schwer, zu bestimmen, was das Besondere von Organisationen im Vergleich zu anderen Gebilden wie Familien, Gruppen, Protestbewegungen oder auch nur alltäglichen Gesprächen ist. Der Soziologe Niklas Luhmann nutzt drei Merkmale – Mitgliedschaft, Zwecke, Hierarchien –, um die Besonderheit von Organisationen in der modernen Gesellschaft deutlich zu machen« (Kühl, 2011, S. 9–17).
> Vor diesem Hintergrund sind Organisationen selbstorganisierte Systeme, die sich über die Etablierung von Sinngrenzen von ihrer Umwelt unterscheiden. Sie entwickeln sich entlang ihres jeweiligen Eigensinns und sind von außen nicht wirklich determinierbar. Als soziales System bestehen Organisationen nicht aus Personen, sondern aus Kommunikationen, die die spezifische Form von Entscheidungen annehmen. Das Personal ist dabei prinzipiell austauschbar.
> Organisationen sind Einheiten, die durch die Grenzen zur Umwelt (immer wieder neu) beschrieben werden, die nach innen durch eine relativ stabile Struktur mit arbeitsteilig operierenden Subsystemen (Abteilungen, Teams, Projekte) bestimmt sind und nach außen einen bestimmten Zweck verfolgen (nach Orthey, 2013, S. 19–22).
> Es bilden sich formalisierte, von Individuen unabhängige explizite und implizite Regeln und koordinierte Handlungssysteme aus. So können hochkomplexe Prozesse realisiert und Funktionen erfüllt werden, die das Handlungsvermögen von Individuen übersteigen.

INTERVIEWER Was würden Sie sagen, bedeutet Führung für Sie heute?

CHRISTIAN FEHLING Das ist eine sehr gute Frage. Ich bin seit 25 Jahren im Unternehmen. Als ich zum ersten Mal Führungskraft bei Ford geworden bin, war schon vieles, was man so als alte Führung bezeichnen mag, hinterfragt worden. Zu diesem Zeitpunkt war Führung nicht nur das Ausgeben von Zielen, das Delegieren von Aufgaben und das Kontrollieren von Aufgabenerfüllung, sondern auch bei Ford schon zu einem starken Maße das Unterstützen von Mitarbeiterinnen und Mitarbeitern. Die aber damals ganz eindeutig einer Führungskraft zugeordnet waren.

Heute bedeutet Führen für mich das Erarbeiten, Vermitteln von Zielen, von Herangehensweisen. Auch das gemeinsame Arbeiten mit Netzwerken. Die Führungskraft ist, auf eine sehr fluide Art und Weise, Teil eines Ganzen geworden. Führungskräfte haben nicht mehr wie vielleicht früher die klar umrissenen Projekt- und Aufgabenstrukturen. Sie bewegen sich in einem Umfeld, das sich ständig verändert. In dem sie sich selber auch ständig verändern müssen. Und in dem sie als Impulsgeber, als Initiator und als Durchführender immer wieder Aufgaben definieren, umsetzen. Aber immer gemeinsam mit anderen Aufgaben übernehmen und durchführen. Also, Führung ist eigentlich gar nicht mehr das richtige Wort.

INTERVIEWER Sondern?

CHRISTIAN FEHLING Das richtige Wort aus meiner Sicht wäre vielmehr Impulsgeber, Berater, Initiator, Teil des Ganzen, alles in einem.

INTERVIEWER Wozu brauchen wir denn noch das Wort »Führung«? Wir sprechen von Führungskräfteentwicklung, von Senior Managern. Führung ist ein Begriff, der ständig und überall in Organisationen konstruiert wird.

CHRISTIAN FEHLING Wir bewegen uns natürlich zwischen beiden Extremen. Es gibt Führung und Sie müssen Führung auch ausüben. Sie müssen Entscheidungen treffen. Sie müssen Dinge in die Wege bringen.

Aber Sie tun eben nicht nur das. Sie haben immer noch einen Teil der alten Führung. Ich nehme jetzt mal das Beispiel hier, im Managementteam des Motorenwerkes. Das hat formal gesehen eine ganz klare Struktur. Es gibt einen Direktor der Powertrain-Organisation. Es gibt darunter den HR-Leiter und verschiedene Manager. Und es gibt wiederum andere Manager, die an diese Leute berichten. Ich will nicht so tun, als wenn diese alte Struktur nicht mehr da wäre. Die ist weiterhin vorhanden. Aber die Erfahrung, die ich mache, ist, dass jenseits und quer zu dieser Struktur viele Dinge passieren, die sich gar nicht mehr so formal an diese Struktur halten. Sondern die quer zu den klassischen Reporting-Linien, quer zu den klassischen Aufgabenlinien, passieren. Und die dort, neben dieser Struktur, teilweise sogar unabhängig von dieser Struktur, wiederum eigene und andere Strukturen benötigen. Ich will das mal an einem Beispiel verdeutlichen. Wir haben vor einigen Jahren erkannt, dass im Motorenwerk eine ganze Reihe von Managementangehörigen viel zu viel Arbeit auf ihren Schultern hatten. Das war ein enger Führungskreis, der geglaubt hat, er müsste alles selbst entscheiden. Wir haben irgendwann verstanden, dass das nicht möglich ist. Das Motoren- und Druckgusswerk hat insgesamt annähernd 1.400 Beschäftigte. Das Management-Team besteht aus etwas mehr als einem Dutzend Führungskräften.

Wir waren in der Situation, dass wir sehr viele parallel stattfindende Veränderungsprozesse im Werk hatten. Das waren – muss ich jetzt ein bisschen aus dem Nähkästchen plaudern – das waren Fragen der Instandhaltung, die verändert worden sind. Das waren Fragen der Logistikorganisation, die verändert werden mussten. Das waren teilweise Bereiche, die in relativ kurzer Zeit abgebaut werden mussten. In anderen Bereichen ergab sich eine Volumenerhöhung. Das heißt, wir standen vor der Situation, dass wir innerhalb von einem Jahr sieben oder acht Veränderungsprojekte – große Veränderungsprojekte – vorliegen hatten. Die wir nach klassischem Modell dann in einem ganz engen Kreis so supervidiert und geführt hätten. Aber uns eigentlich auch immer wieder ins operative Geschäft eingemischt hätten. Das ging nicht mehr. Jeder von uns hätte bis abends um zehn, elf Uhr hier gesessen und es wäre nicht mal gut geworden, wenn man ganz ehrlich ist. Vor dem Hintergrund haben wir unsere Organisation verändern müssen. Wir haben viele junge Leute aus den zweiten, dritten, vierten Führungsebenen mit einbezogen.

Die Projektgruppen wurden so aufgebaut, dass wir in einem engen Steuerkreis Entscheidungen treffen konnten. Führung sollte frühzeitig gelebt werden und die Projektgruppen sollten eigenständig arbeiten. Für uns ist das ein relativ neues Modell. Wenn man das jetzt so hört, klingt es wahrscheinlich so wie: Naja, ist ja eigentlich naheliegend. Aber in der Kultur, die wir hier hatten, ist das insofern eine Änderung gewesen, dass eben viel abgegeben wurde. Im Sinne von Verantwortung für Teilprojekte. Im Sinne von Verantwortung der operativen Aufgaben. Und im Sinne von Führung innerhalb der Projekte. Das war für uns etwas ganz Neues. Diese Teams waren bunt gemischt, kreuz und quer durch die Organisationen mit ganz verschiedenen Teilbereichen – Logistik, Qualität etc. Das hat sehr gut funktioniert. Wir konnten uns auch wirklich zurücklehnen und machen lassen. Wir haben auf diese Art und Weise versucht, Netzwerke, die innerhalb der Organisation schon teilweise vorhanden waren, zu verstärken.

> »Vertrauen im weitesten Sinne eines Zutrauens zu eigenen Erwartungen ist ein elementarer Tatbestand des sozialen Lebens. Der Mensch hat zwar in vielen Situationen die Wahl, ob er in bestimmten Hinsichten Vertrauen schenken will oder nicht. Ohne jegliches Vertrauen aber könnte er morgens nicht sein Bett verlassen. Unbestimmte Angst, lähmendes Entsetzen befielen ihn. Nicht einmal Misstrauen könnte er formulieren und zur Grundlage defensiver Vorkehrungen machen; denn das würde voraussetzen, dass er in anderen Hinsichten vertraut. Alles wäre möglich. Solch eine unvermittelte Konfrontierung mit der äußersten Komplexität der Welt hält kein Mensch aus« (Luhmann, 2014, S. 1).

INTERVIEWER Ihre Beschreibung klingt sehr spannend. Es gibt etwas bei Ihnen in der Organisation, das man als klassisch linear beschreiben könnte. Das ich wahrscheinlich auch bei Ihnen in einem Organigramm vorfinden kann. Dennoch haben Sie eben auch etwas beschrieben: »Und es findet etwas daneben statt.« Wo das Informelle schon genutzt wird. Wo Führung sich auch anderer Netzwerke bedient. Die gar nicht mehr in der klassischen Organigramm-Logik oder in diesem klassischen strukturellen Organigramm zu finden sind. Von außen betrachtet ist das paradox. Also zum einen gibt es das auf dem Papier, zum anderen wird etwas anderes daneben platziert, das selbstgesteuert und auf Selbstorganisation aus ist. Das setzt meines Erachtens unglaublich viel Vertrauen in die Mitarbeiter voraus. Ansonsten würde es wahrscheinlich nicht funktionieren.

CHRISTIAN FEHLING Das ist auch so. Sie haben es auf den Punkt gebracht. Wir gehen seit ungefähr vier, fünf Jahren durch einen relativ extremen Wandel, der durch verschiedene Faktoren beeinflusst worden ist. Wir wollten nicht nach extern gehen, sondern wir haben mit internen Prozessbegleiterinnen und Prozessbegleitern zusammengearbeitet, die wir hier schon vor Ort hatten. Mit denen gemeinsam haben wir eine neue Herangehensweise erarbeitet. Die zunächst mal dahin gegangen ist, dass wir im Managementteam eine Vision und Führungsleitlinien entwickelt haben. Darauf aufbauend dann sieben Säulen, mit denen wir hoffen, Mitarbeitermotivation zu steigern und Abwesenheit zu verringern. Das klingt jetzt erst mal wenig. War aber viel.

Wandel im Unternehmen mit Prozessbegleitern – Wie können Selbstorganisation und Selbststeuerung angeregt werden?
– Welche Werte leiten uns in der Führung?
– Wovon braucht es ab sofort mehr und wovon weniger?
– Welche Prozesse und Strukturen benötigen wir für einen Verantwortungsdialog mit der Belegschaft?
– Was benötigen wir als Managementebene, um Verantwortung abzugeben und Selbstorganisation zu unterstützen?
– Wie sehr vertrauen wir unseren Mitarbeitern auf einer Skala von 1 bis 10, wenn 1 wenig und 10 viel ist, dass sie die Fähig- und Fertigkeiten besitzen, selbstbestimmt in Entscheidung zu gehen und Verantwortung für ihre Prozesse übernehmen?
– Wie sehr vertraue ich meinen Kolleginnen und Kollegen auf meiner Ebene?
– Was wären Sie bereit, als Erstes abzugeben oder zu unterlassen, damit Selbstorganisation in Ihrer Organisation stattfindet?
– Wer braucht was von wem an dieser Stelle, damit ein erster Schritt in Richtung Übernahme von Verantwortung gelingt?

CHRISTIAN FEHLING Wir hatten das Gefühl und auch den Bedarf, dass es richtig wäre, in diesen Werken, auf die wir Zugriff haben, eigene Dinge zu entwickeln. Wir haben versucht, unsere Ansätze mit den Führungsleitlinien und Visionen zu verzahnen und darauf aufzubauen. Das Ganze miteinander in ein harmonisches Ganzes zu bringen. Wenn wir das nicht gemacht hätten, hätten wir vielleicht sogar Schiffbruch erlitten.

Wir haben gemeinsam als Managementteam in mehrtägigen Workshops, die mit den Prozessbegleitern organisiert wurden, zunächst die Visionen und Führungsleitlinien entwickelt. Unsere Ergebnisse wurden dann im Rahmen von Workshops auf allen Führungsebenen inklusive Meistern, Gruppenleitern infrage gestellt, ergänzt und durchdiskutiert. Danach in Workshops mit der gesamten Belegschaft kommuniziert.

Ein Modell zum Systemischen Change Management
Das System entsteht durch sechs Ordnungskräfte, die das Chaos aller möglichen Interaktionsmuster auf die spezifische Ordnung reduzieren (jeweils als ex- und implizite Ziele, Prozesse, Rollen und Strukturen, Kulturen und Rahmungen). Dies kann man auf drei

Ebenen beobachten: des individuellen Mitarbeiters, der Einheit und der Gesamtorganisation.

Warum verändern Systeme ihre Interaktionsmuster? Um auf Veränderungen in einem relevanten Kontext zu reagieren, für die die Organisation neue Bewältigungsstrategien (er-)finden muss, um weiter zu bestehen.

Dieser Veränderungsimpuls senkt die gegenwärtige Leistungsfähigkeit, »lockert« die durch die Ordnungskräfte stabilisierten Muster, es »entsteht Chaos« und darin Veränderungsoptionen. Während es beim Mitarbeiter zu internen Prozessen kommt (die nützlich in den Veränderungsprozess einfließen können), kommt es auf Systemebene zur Auswahl neuer Ordnungskräfte und deren Stabilisierung.

Derartige Prozesse laufen kontinuierlich parallel zueinander ab.
(nach Kaiser-Nolden, 2010, S. 241–256)

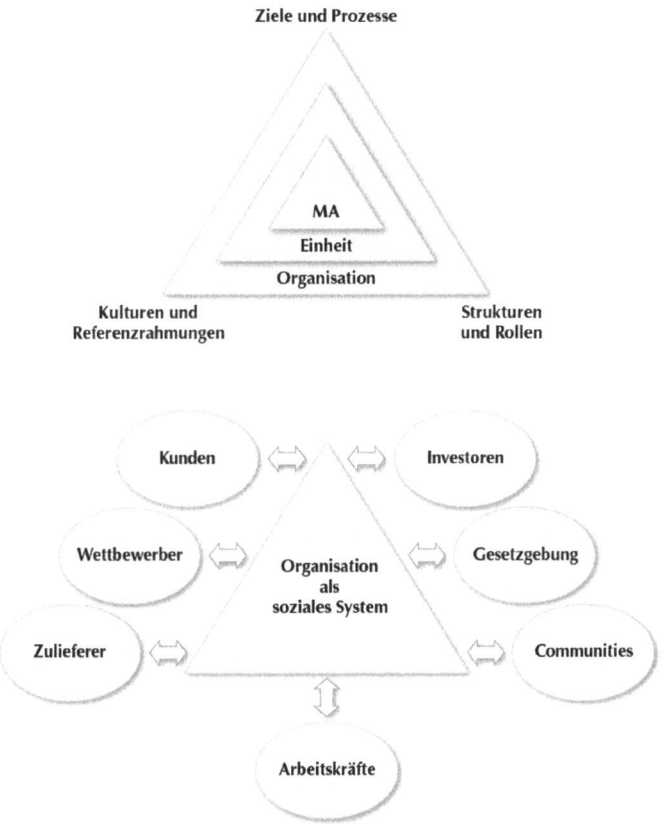

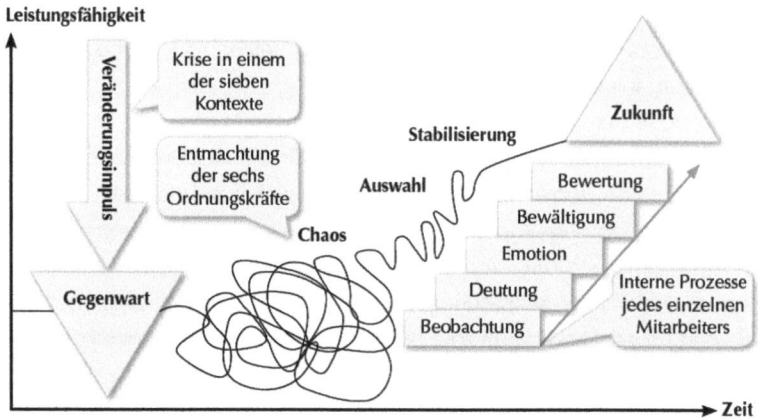

INTERVIEWER Wie haben die Mitarbeiter reagiert?

CHRISTIAN FEHLING Wir haben überwiegend positives Feedback bekommen. Der Witz dabei war, dass wir nicht nur eine Vision entwickelt haben. Sondern dass wir die Visionen auch mit einer Maßnahme unterfüttert haben, die ich nach wie vor als das Beste empfinde, was wir hier jeweils gemacht haben. Nämlich anzufangen, sich zweimal im Jahr im Managementteam zusammenzusetzen, um sich gegenseitig Feedback zu geben. Das klingt total banal, aber es ist großartig.

Ich kam darauf, weil Sie eben das Wort »Vertrauen« angesprochen haben. Wenn man auf einer wertschätzenden Basis dazu kommt, sich gegenseitig in einem Führungsteam Feedback zu schenken und das auch über mehrere Runden, mehrere Jahre kontinuierlich, dann entsteht eine tragfähige Arbeitsbeziehung zu den Kolleginnen und Kollegen, wie ich es nie für möglich gehalten hätte. Das äußert sich eigentlich nur im Kleinen, in der Art und Weise, wie Konflikte gelebt werden. Es ist immer wichtig, wie die Konflikte geführt werden. Es hat zu einer ganz fruchtbaren Umgangsweise miteinander geführt. Zu einem wirklich wertschätzenden Ansatz auf dieser Ebene. Der hat sich den Produktionsmitarbeitern vermittelt. Und das wurde uns auch ganz oft zurückgemeldet. Die sagen nicht: »Wir haben keine Probleme mehr.« Die sagen natürlich auch: »Wir haben das und das Problem.« Aber sie haben in all den Jahren auch immer gesagt: »Ihr habt euch verändert. Man merkt euch auch an, dass ihr euch verändert habt.« Das war und ist für

mich eine Wahnsinnserfahrung. Durch das Feedback entstand das Vertrauen. Und genau dieses Vertrauen ist Jahre später die Basis gewesen, dass wir Dinge abgeben konnten.

Ich habe immer gedacht, du hast einen Veränderungsprozess, der geht ein Jahr. Und dann bist du wo? Diese Formen von Veränderung halten nur dann an, wenn sie kontinuierlich weiter hinterfragt werden. Wenn sie kontinuierlich verstärkt werden. Wenn sie über einen ganz langen Zeitraum gelebt werden. Und immer wieder auch aufgefrischt werden und verändert werden. Wenn der Wille da ist und die Werkzeuge auch benutzt werden, dann funktioniert das erstaunlicherweise. Die Erfahrung haben wir hier gemacht.

Erfahrung durch Feedback
Zwei Fragen, die ggf. schon einen Unterschied Ihrer Zusammenarbeit erlebbar machen. Setzen Sie sich jeweils zu zweit mit Ihrer Kollegin, Ihrem Kollegen zusammen. Es gilt die Regel, dass nur einer spricht und der/die andere zuhört. Es wird nicht kommentiert und es entsteht kein Dialog zum Ausgesprochenen. Wiederholen Sie diese Übung in kürzeren Abständen regelmäßig.
- Was ich in der Zusammenarbeit mit dir schätze, ist …
- Was ist meine größte Herausforderung in der Zusammenarbeit mit dir?

INTERVIEWER Veränderung heißt ja auch mit Ängsten umgehen.

CHRISTIAN FEHLING Das ist höchst spannend, das muss ich ehrlich sagen. Sie haben es ja mitbekommen, es war gerade eine Betriebsversammlung. Ford ist natürlich – und das steht auch in den Zeitungen – in einer Situation, wo wir ganz extreme Veränderungsprozesse durchlaufen. Das heißt, es ist gestern verkündet worden, dass wir in den nächsten Jahren eine hohe Zahl von Arbeitsplätzen abbauen werden. Diese Dinge werden schon seit langer Zeit in der in der Ford-Organisation diskutiert. Ich glaube, dass wir mit dieser Situation, mit den äußeren Rahmenbedingungen, hier in unseren Werken relativ gut umgegangen sind. Wir haben zu einem sehr frühen Zeitpunkt mutig gesagt: »Wir stellen uns vor die Mannschaft und sagen, es kommen kritische Zeiten auf uns zu.« Da war das in der internen Diskussion noch gar nicht so weit. Aber wir haben das gemacht. Wir haben dann den Mitarbeitern gesagt: »Leute, wir wissen nicht, wie die Zukunft aussieht.

Wir wissen nicht, wie die Arbeitsplätze in Zukunft aussehen. Aber wir möchten euch das sagen. Wir müssen sicherlich auch einschneidende Maßnahmen durchführen. Weil wir uns auch selber verändern müssen.«

Das ist bei der Belegschaft nicht nur gut angekommen. Wir mussten offen mitteilen, dass wir uns von Beschäftigten auf sozialverträgliche Art und Weise trennen müssten. Wir kommunizieren klar und transparent, wie sich die Anzahl unserer Belegschaft mit all ihren Zu- und Abgängen entwickelt. Nicht um irgendwem zu drohen, sondern um den Leuten den Rücken zu stärken. Wir wollen unsere Arbeitsplätze schützen. Indem man auch bei den fünf oder zwei Prozent, die über die Stränge schlagen, die das System ausnutzen, konsequent vorgeht. Das will die Belegschaft auch. Diese Dinge versuchen wir sehr offen zu sagen. Im Moment haben wir das Gefühl, dass wir durch diese Krise relativ positiv durchkommen.

Beendigung von Arbeitsbeziehungen
- Auf einer Skala von 1 bis 10, wenn 1 niedrig und 10 hoch ist, wie gut gelingt es Ihnen, Arbeitsbeziehungen zu beenden?
- Was wäre ein guter Wert für Sie?
- Was kennzeichnet diesen Wert?
- Wer profitiert am ehesten von diesem Wert? Sie, der Mitarbeiter, die Organisation oder jemand ganz anderes?
- Wovon benötigen Sie mehr und wovon ggf. weniger?
- Mal angenommen, es ginge bei diesem Thema der Trennung um Erlaubnis, wer oder was könnte Ihnen diese geben?

INTERVIEWER Sie haben gerade von Werkzeugen gesprochen, die Ihnen das ermöglicht haben. Wie würden Sie den klassischen Werkzeugkasten einer Führungskraft in Ihrer Organisation beschreiben? Was beinhaltet der?

CHRISTIAN FEHLING Die moderne Führungskraft muss sicherlich kommunizieren können. Das heißt in einer zuverlässigen, nachvollziehbaren, positiven Art und Weise. Das bedeutet quer zu den Leveln, mit allen Mitarbeiterinnen und Mitarbeitern in allen Ebenen und in alle Organisationen hinein. Die Führungskraft muss in der Lage sein, ihre eigene Position zu reflektieren. Und ggf. auch zu hinterfragen, zu adaptieren. Natürlich auch die Klassiker: auf verschiedene Mitarbeitergruppen eingehen zu können. Verschiedene Mitarbeiterpersönlichkeiten ansprechen zu können.

INTERVIEWER Was stellen Sie Ihren Führungskräften denn für Reflexionsräume zur Verfügung?

CHRISTIAN FEHLING Wir haben eine ganz breite Palette an Führungskräfte-Trainingsmaßnahmen. Der klassische Trainingskatalog, der auf verschiedenen Ebenen angeboten wird. Der hilft, die eigene Rolle als Führungskraft zu reflektieren. Der die eigene Persönlichkeit hinterfragt. Mit den Klassikern wie Myers-Briggs Type Indicator und ähnlichen Möglichkeiten. Wo dann die Reflexion im geschützten Rahmen einer Trainingsmaßnahme stattfindet. Wir gehen mehr und mehr dazu über, dass dies nicht nur in einer Trainingsmaßnahme selbst stattfindet, sondern sich über einen längeren Zeitraum entwickelt. Theorie und Praxis müssen sich abwechseln. Das Erlernte muss im Rahmen einer Praxisphase ausprobiert und im Anschluss in einem sicheren Rahmen wieder reflektiert werden.

In Coaching-Einheiten bieten wir die Möglichkeit, sich gemeinsam mit anderen, die in einer ähnlichen Situation sind, zu hinterfragen. Auch hier gilt aus meiner Sicht, dass wir sicherlich über kurz oder lang dazu übergehen werden, das weniger formal zu machen und es stattdessen ins Alltagsleben einfließen zu lassen. Also sich regelmäßig in einem größeren Rahmen »eins zu eins« zu geben. Dann aber wieder mit einer Reflexion, wie in unserem Fall über Prozessbegleitung und Training. Das machen wir nicht mehr in diesen klassischen Trainingsmaßnahmen. Sondern eben in Workshops, die hier im Werk durchgeführt werden. Eine Eins-zu-eins-Situation zwischen verschiedenen Beteiligten wird regelmäßig dazu benutzt, um Feedback zu geben. Rausgelöst aus der reinen Trainingssituation, im Alltag. Dazu binden wir Führungskräfteentwicklung sehr stark ein. In den Klassikern wie Rotationsmaßnahmen, Trainings- und Entwicklungspläne, die diskutiert werden, 360-Grad-Analysen, die regelmäßig abgefragt werden. Jede unserer Führungskräfte muss mindestens alle zwei Jahre, teilweise sogar jedes Jahr, eine ausführliche 360-Grad-Analyse durchführen.

»Wir können keinen Schritt tun, ohne zu wissen, warum. Wenn wir den Grund vergessen haben, bleiben wir stehen. Erst wenn wir wieder wissen, was wir wollten, gehen wir weiter. Wir müssen, um handeln zu können, verstehen, was wir wollen und tun. [...] Nun geht es darum, die Wahrhaftigkeit und Plausibilität des bisherigen Selbstbilds zu überprüfen, das durch Konventionen, zufällige Begegnungen und eine zufällige Bildungsgeschichte geprägt wurde. Und es geht darum,

> denjenigen Triebkräften in mir nachzugehen, die durch das bisherige Selbstverständnis verstellt und verdunkelt wurden. Jetzt machen wir uns auf die Suche nach Selbsterkenntnis in einem emphatischen Sinne« (Bieri, 2016, 35f.).

INTERVIEWER Kann man Führung lernen?

CHRISTIAN FEHLING Das kommt darauf an, wie Sie Führung definieren. So, wie wir es vorhin definiert haben – als klassische Führung, wo irgendjemand Entscheidungen trifft, auch die Verantwortung für das Erreichen von Zielen hat – die kann natürlich immer wieder ausgeführt werden. Von Menschen, die dazu geeignet sind. Lernen klingt so nach: Kann ich Auto fahren oder kann ich es nicht? So ist die Welt in meiner Erfahrung nicht. Führung wird in irgendeiner Art und Weise von vielen immer wieder ausgeübt. Die Frage ist für mich nicht, ob ich es kann, sondern wie ich es letzten Endes lebe. Also wie ich die verschiedenen Aufgaben, die damit zusammenhängen, ausübe. Das kann jeder sicherlich reflektieren und auch verbessern.

INTERVIEWER Also lernen kann ich es nicht, oder es ist schwierig. Ich kann etwas anbieten, aber es geht immer über die eigene Reflexion. Über das eigene Beobachten meines Denkens, Fühlen und Handelns. Was braucht es, damit Führung gelingt?

CHRISTIAN FEHLING Aus meiner Sicht ein gewisses Talent. Also eine Affinität dazu. Auf dieser Basis dann auch einen Rahmen. Der kann ganz unterschiedlich sein. Ich glaube nicht, dass man den für alle Zeiten und alle Organisationen definieren kann. Aber es sollte einen Rahmen geben, der Orientierung bietet, für die Geführten wie auch die Führenden und die verschiedenen Rollenwechsel, die vielleicht dazwischen noch stattfinden können. Dann wiederum die Möglichkeit zur Reflexion und eine klare Orientierung.

INTERVIEWER Wo sehen Sie Führung in fünf oder in zehn Jahren?

CHRISTIAN FEHLING Aus alldem, was ich jetzt so gesagt habe, ist ja vielleicht deutlich geworden, dass ich nicht glaube, dass es »das Modell« von Führung heute gibt. Ich glaube, dass die flexiblen Anteile von »etwas steuern« in der Zukunft immer weiter zunehmen werden. Was wir heute Führung nennen, wird immer variabler werden. Wird sich immer mehr unterschiedlichsten Konstellationen öffnen müssen. Wird immer mehr auch Offenheit zwischen den Ebenen, quer zu den Ebenen haben müssen. Und sie wird natürlich auch digitaler werden müssen.

INTERVIEWER Was erwarten Sie von Beratern, Coaches und Organisationsentwicklern in Bezug auf die Entwicklung von Persönlichkeiten?

CHRISTIAN FEHLING Intern oder extern?

INTERVIEWER Beides. Je größer die Organisation, umso stärker ist möglicherweise eine interne Logik, die zur Auswahl von internen oder externen Beratern führt.

CHRISTIAN FEHLING Eigentlich das Gleiche, was wir gerade über die Führungskräfte gesagt haben. Sich flexibel und variabel mitzuentwickeln. Nicht zu denken, dass jemand, der als Berater oder Coach tätig wird, als der weise Experte in die Organisation kommt und der Organisation vermittelt, wie es richtig ist. Sondern sozusagen mit der Organisation zu atmen. Die Organisation dabei zu unterstützen, sich zu entwickeln, um zu atmen. Mit anderen Worten, der Coach oder die Beraterin muss in der Lage sein, sich beständig selbst zu hinterfragen. Neue Wege auszuprobieren. Fehler zu machen, Fehler zuzulassen. Vielleicht keine fertigen Konzepte zu haben, sondern die Konzepte im Gehen zu entwickeln. Vielleicht nicht für alles Rollen und Aufgaben benennen zu können und damit zu leben, dass die Dinge fluide sein könnten. Ich glaube, das ist durchaus auch für Coaches eine extreme Herausforderung.

INTERVIEWER Wovon haben Sie denn am meisten in einer externen oder internen Begleitung profitiert?

CHRISTIAN FEHLING Was für mich wirklich ein Meilenstein war, war diese regelmäßige Feedback-Gabe, die auch auf eine Diskussion mit unseren internen Beratern zurückzuführen ist. Am meisten habe ich immer wieder von der gedanklichen Auseinandersetzung profitiert. Ich habe ganz oft mit unseren internen Beratern zusammengesessen und stundenlang Dinge hin und her gesponnen. Auf dieser Basis ist zum Beispiel das Modell unserer Projektorganisation entstanden. Wir haben überlegt, was kann das Werk anders machen? Auf dieser Basis sind viele Ideen entstanden.

Es ist wirklich so, wie Sie sagen. Diese innere Auseinandersetzung, am besten auch im Dialog mit Beratern, über die Art und Weise, eine ganz offene Auseinandersetzung. Nicht mit Konzepten kommen und dann: »Aha, das müsst ihr machen.« Sondern der ganz offene Dialog, der hat mir am meisten geholfen.

INTERVIEWER Also das prozesshafte Arbeiten mit einem Open End?

CHRISTIAN FEHLING Ja.

INTERVIEWER Also die Bereitschaft einzusteigen, mit der Gewissheit, ich weiß nicht, wohin uns dieser Prozess führt, aber erst mal sage ich ja zu dem Prozess?

CHRISTIAN FEHLING Ja, das haben Sie schön zusammengefasst.

INTERVIEWER Dafür brauche ich ja ganz schön viel Mut. Gerade in komplexen, großen Organisationen. Wenn ich Management by Objectives noch gewohnt bin, was Sie zu Beginn unseres Gesprächs ganz klar beschrieben haben. Es gibt eine Organisation, es gibt Ziele mit Aufgaben. Am Ende des Monats müssen die Zahlen stimmen. Ich steige entgegengesetzt ein, ich weiß, dass es etwas kostet. Es kostet mich auf jeden Fall immer diese Tage, die wir zusammensitzen. Ich weiß noch nicht so ganz genau, was dabei rauskommt. Das hat eine Auswirkung auf andere. Der oder die machen da jetzt erst mal etwas. Wenn wir die fragen, »ja, was soll denn dabei rauskommen?«, können die uns erst mal nur ein grobes Bild geben. Aber die wissen immer noch nicht ganz genau, wie. Haben Sie dazu eine Geschichte vielleicht, wie das in der Organisation gelaufen ist?

CHRISTIAN FEHLING Zwei Geschichten sind mir jetzt gerade eingefallen. Wir haben dieses Jahr mit dem Managementteam zusammengesessen und wollten uns gegenseitig Feedback geben und die Situation reviewen. Dann haben wir gesagt: »Stopp«. Wir können so nicht weitermachen. Wir haben eine ganz besondere Situation. Wir müssen uns jetzt für die restlichen eineinhalb Jahre dieses Offsides auf das Wichtige konzentrieren. Wir haben uns dann die Aufgabenstellung gegeben: Was muss das Motoren- und Druckgusswerk tun, um für die Zukunft überlebensfähig zu sein? Und haben alle anderen Punkte einfach aus der Agenda gestrichen. Wir haben sechs Punkte – also Effizienz, Produktivität, Moral, Führungsverhalten, Zukunft und Arbeitsorganisation – als Punkte erarbeitet. Und dazu auch Maßnahmen in diesem Workshop erarbeitet. Das stand überhaupt nicht auf der Agenda und es war genau das Richtige.

Wir haben das dann – hatte ich vorhin erzählt – unseren Leuten so dargestellt. Drei, vier Wochen später kam die Nachricht über die offiziellen Kanäle, die Situation ist schwierig. Die Mitarbeiter haben dann alle gesagt: »Das ist toll, dass ihr uns das schon vorher erzählt habt.« Das war wirklich das Resultat. Wir sind oft angesprochen worden: »Toll, dass ihr so offen gewesen seid und uns diese schwierige Situation vermittelt habt, als es noch nicht in der Zeitung gestanden hat.« Wo es dann eben drei, vier Wochen später öffentlich gesagt wurde.

Oder eine andere Begebenheit. Ich hatte heute Morgen eine Teamsitzung mit meinem Team, die ich nicht initiiert habe. Sie sind auf mich zugekommen und haben gesagt: »Wir brauchen eine Teamsitzung. Wir haben bestimmte Dinge zu besprechen.« Früher hätte ich gesagt: »Was wollt ihr denn? Worum geht es denn? Kann ich vielleicht mal was vorher erfahren?« So haben wir gesagt: »Gut, setzen wir uns zusammen und eruieren.« Was ist gut gelaufen? Was weniger? Was werden wir fortsetzen? Was hören wir auf zu tun? Was fangen wir an zu tun? Welche Erwartungen hat das Team an mich? Welche Erwartungen habe ich an das Team? Das war überhaupt nicht meine Initiative. Ich habe gesagt: »Okay, wenn ihr das braucht, wenn ihr das Gefühl habt, ihr wollt das, dann machen wir das. Wir gucken, was dabei rauskommt.« Es sind viele Themen eingebracht worden. Ich bin ein emotionaler Mensch und mir standen teilweise die Tränen in den Augen. Ich habe einige neue Leute im Team, die gesagt haben: »Ich hätte das gar nicht erwartet, dass das Team hier so gut ist. Und dass man sich so aufgehoben fühlt. Dass man sich gegenseitig so unterstützt.« Andere haben auch zurückgespiegelt: »Manche Sachen passieren viel zu schnell und zu ad hoc. Wir können nicht immer reagieren.« Aber da kam nichts von mir. Ich habe natürlich auch etwas dazu gesagt und es war wirklich deren Wunsch. Das fand ich bemerkenswert. Das zuzulassen, hat ehrlich gesagt auch ein bisschen Mut erfordert.

INTERVIEWER Das glaube ich Ihnen sofort. Kontrolle gibt es dann nicht mehr. Man könnte es auch so formulieren, Sie arbeiten kräftig daran, sich selbst abzuschaffen.

CHRISTIAN FEHLING Damit hätte ich kein Problem. Wenn man da hinkommt, dass sein eigenes Team selbständig die Dinge erarbeitet, dann hat man als Führungskraft den besten Job getan.

Wenn man dahin kommt, dass sein eigenes Team selbständig Dinge erarbeitet, dann hat man als Führungskraft den besten Job gemacht.

Automobilbranche

INTERVIEWER Ich finde es großartig, dass Sie das genau so beschreiben. Das ist eine Idee, wie man sie heute wahrscheinlich in einigen Büchern finden wird. Mit der Frage verbunden: Wie hoch ist die Bereitschaft, wenn Menschen in Machtpositionen sind, diese Macht auch abzugeben oder zu teilen? Und dadurch sich selbst als Person in irgendeiner Art und Weise anders beschreiben zu müssen. Sie haben schon gesagt, Sie würden es auch nicht als Führung bezeichnen. Das finde ich bemerkenswert und würde ein dickes Ausrufungszeichen dahinter setzen. Ich glaube, dass wir irgendwann nicht mehr von Führung sprechen werden. Vielleicht sind wir schon kurz davor.

Vielleicht noch eine Frage, weil ich da neugierig bin. Sie haben etwas beschrieben, das Sie hier bei sich im Werk erleben. Was für ein Führungsansatz wird hier bei Ihnen gelebt? Also ist es das Transformationale, das Transaktionale? Oder wie würden Sie es beschreiben?

CHRISTIAN FEHLING Ich glaube, dass ich sehr stark in Richtung systemisches Führen gehe. Ich könnte das nicht auf einer Skala festlegen. Viele Dinge muss ich nicht mehr selbst entscheiden. Ich setze den Rahmen und strukturiere noch viele Prozesse. Kann aber mehr und mehr abgeben. Ich kann Verantwortung an unser Bereichsmanagement abgeben oder an einzelne Bereiche,

Dinge selber zu organisieren. Da passieren dann auch manchmal Fehler. Aber ich versuche, die Rahmenbedingungen zu schaffen. Ich versuche, das Wissen zu vermitteln, wo es notwendig ist. Und ich versuche, die Organisation dahin zu entwickeln, dass sie innerhalb dieser Struktur und innerhalb dieser Prozesse möglichst viel eigenständig durchführen und entscheiden kann. Das ist für mich eine ideale HR-Organisation. Die wirklich die Rahmenbedingungen, und natürlich auch strategische Dinge, mitentscheidet. Innerhalb von bestimmten, durchaus vorgegebenen Rahmenbedingungen.

Führungsfünfeck nach Orthey (2013)

Orthey identifiziert fünf Dimensionen von Führung. Sie stellen Handlungsfelder dar, in denen Führung in Organisationen konkretisiert wird, eingebettet in die jeweilige Umwelt.
Eine Balance dieser Dimensionen kann als Ideal angestrebt werden, ist jedoch nur punktuell erreichbar. Aufgrund der Dynamik von Entwicklungsprozessen müssen Führungskräfte flexibel agieren. Je nach Situation und Aufgabe erhalten Handlungsfelder unterschiedliche Bedeutungen und werden verschieden stark ausgestaltet. Seine Hauptthese lautet: Führung entsteht in kommunikativen Akten immer wieder neu!

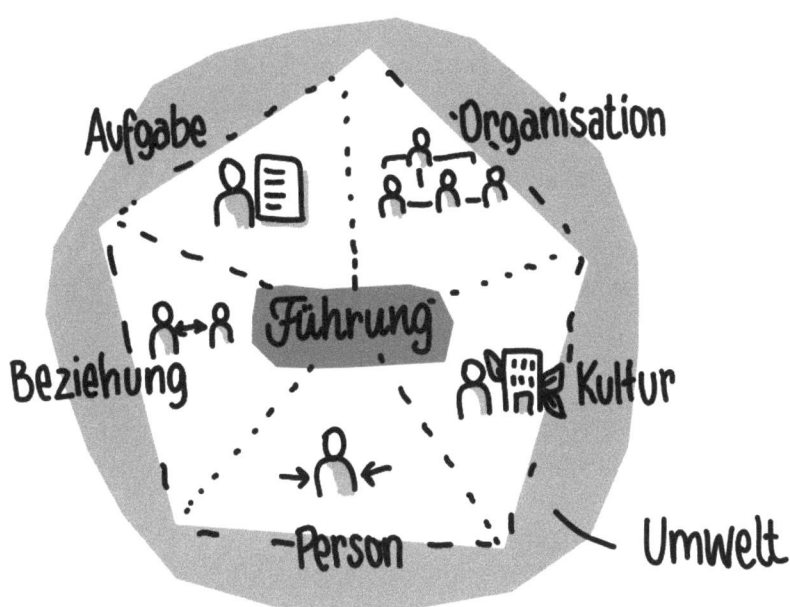

Dimension Aufgabe

Ziel: Aufgabenentwicklung und Zielerreichung, sachbezogene Aspekte von Führung, alles, was sich auf ein Produkt bzw. auf eine Dienstleistung in seiner Inhaltlichkeit und Fachlichkeit bezieht
Führung: Aufgaben angemessen, wirkungsvoll und nachhaltig entwickeln, formulieren, strukturieren, organisieren und verteilen

Beispiele:
- Arbeitsplatzbeschreibungen festlegen
- Aufgaben definieren und klären
- Aufgaben strukturieren und organisieren
- Aufgabenpakete vereinbaren
- neue Produkte entwickeln
- bestehende Produkte weiterentwickeln
- Aufgaben controllen

Dimension Organisation
Ziel: Organisationsentwicklung
Organisation als soziales System, Elemente, Ereignisse, Strukturen, Routinen, Prozesse, die zur Aufgabenerfüllung, Selbsterhaltung und Entwicklung notwendig sind
Führung: Organisation formal angemessen, brauchbar und nützlich im Hinblick auf ihre Zwecke gestalten und entwickeln
Beispiele:
- Organisationsstrukturen in Organigrammen abbilden
- Organisation in aufgabenbezogene Subsysteme (Abteilungen, Teams, Projekte) strukturieren
- Prozesse definieren
- Routinen erarbeiten
- Standards entwickeln
- Führungsinstrumente wie Mitarbeitergespräche organisational verankern
- Qualitätssicherung gestalten
- Leitbilder entwickeln

Dimension Kultur
Ziel: Kulturentwicklung
Kultur = alles, was jenseits formaler Strukturen und Prozesse die Einrichtung nach innen und außen auszeichnet, verbindet und zusammenhält, entsteht als Netzwerk von Konversationen
Führung: kulturelle Seite so entwickeln, dass organisationale Identität und Bindung entstehen kann

Beispiele:
- Formen des Umgangs miteinander, zum Beispiel Anredeform vereinbaren
- Lern- und Beratungskulturen einrichten
- Integration oder Abgrenzung von Privat- und Arbeitswelt thematisieren und gestalten
- private Ereignisse, zum Beispiel Geburtstage, in das berufliche Miteinander integrieren bzw. abgrenzen
- Gesundheit, Ernährung, Sport als Werte etablieren
- Kultur von Unterschiedlichkeit und Vielfalt als Ressource fördern

Dimension Person

Ziel: Persönlichkeitsentwicklung

Basis von Führung, bezieht sich auf Einzelpersonen und ist auf angemessene Beschäftigung mit den Individuen ausgerichtet, auch Führungskraft als Person

Führung: Aufbau von Vertrauen durch Anerkennung der Besonderheiten und Berücksichtigung von Unterschiedlichkeiten der Mitarbeitenden in ihren Bedürfnissen, Einstellungen, Erfahrungen, Verhaltensweisen usw.

Beispiele:
- sich mit Einzelpersonen beschäftigen
- Besonderheiten schätzen
- Orientierung geben und zugänglich machen
- Ressourcen und Potenziale entwickeln
- Feedback geben und nehmen
- sich als Führungskraft klar positionieren
- Entwicklungsmöglichkeiten fördern
- eigene Kompetenzentwicklung betreiben

Dimension Beziehung

Ziel: Beziehungsentwicklung

Bezieht sich auf alle Themen der sozialen Beziehungsgestaltung, der Zusammenarbeit, der Kommunikation miteinander und der Arbeitsfähigkeit von Subsystemen wie Teams

Führung: Förderung von Beziehungsklarheit und -qualität, Nutzen von Ressourcen und Qualitäten, die in Beziehungen möglich werden, Führung als Teamleistung, die gemeinsam erbracht wird

Beispiele:
- Beziehungs- und Rollenklärungen vorantreiben und gestalten
- Regelbildung für die Zusammenarbeit betreiben und unterstützen
- Team- und Arbeitskontrakte gestalten und unterstützen
- Teamentwicklungsaktivitäten unterstützen und gestalten
- neue Mitarbeiter integrieren
- Schnittstellenarbeit zwischen Teams unterstützen
- Konflikte thematisieren und klären
- angemessenes Nähe-Distanz-Verhältnis zwischen Führungskraft und Mitarbeitenden gestalten

Dimension Umwelt
Ziel: Systementwicklung durch angemessene Berücksichtigung der Entwicklungen in der Umwelt
Kreis, in den das Fünfeck eingebettet ist, Umweltfaktoren, die Einfluss auf das Führungsgeschehen haben, natürliche, ökologische, marktbezogene, rechtliche, zeitliche und räumliche Rahmenbedingungen für die Gestaltung von Führung
Führung: Elemente und Ereignisse aus der relevanten Umwelt angemessen berücksichtigen bzw. gestalten
Beispiele:
- Markt- und Konkurrenzsituation berücksichtigen
- Anforderungen von Adressat*innen integrieren
- Entwicklungen der Arbeitsmarktbedingungen einplanen und personalpolitisch gestalten
- Krisen von Finanz- und Geldmärkten in ihren relevanten Auswirkungen auf Mitarbeitende und Organisation berücksichtigen
- Begrenzungen und Möglichkeiten gesetzlicher und tarifrechtlicher Rahmung einkalkulieren
- gesellschaftliche Phänomene bedenken
- räumliche und zeitliche Arbeitsbedingungen in der Organisation gestalten und planen
- Risikofaktoren aus der Umwelt berücksichtigen
- aktuelle Trends der Organisationsentwicklung einbeziehen

INTERVIEWER Und außerhalb dieses Werkes? Würden Sie eher transformational sagen – oder sogar situativ? Oder patriarchalisch? Wo würden Sie das verorten? Welche Unterschiede gibt es da noch?

CHRISTIAN FEHLING Ich glaube, das kann man gar nicht so einfach sagen. Also, Ford hat über 200.000 Mitarbeiter weltweit. Und ungefähr 18.000 am Kölner Standort beispielsweise. Es gibt viele Führungsstile parallel.

INTERVIEWER Ich glaube auch, dass es wahrscheinlich niemals einen *einzigen* Führungsstil in solchen großen Organisationen geben kann. Welches Spektrum gibt es? Und wo ist vielleicht die Majorität? Oder wohin bewegt es sich im Rahmen einer sich stetig verändernden Organisationskultur? Was tut die Organisation dafür, damit mehr Selbststeuerungs- und Selbstorganisationsprozesse angefeuert werden, sodass die Autonomie vielleicht einen höheren Wert bekommt? Und die Menschen in ihren eigenen Sinnkonstruktionen begleitet und hinterfragt werden. Das eigene Denken mehr und mehr angestoßen wird. Und damit auch Verantwortungsübernahme gefördert wird.

CHRISTIAN FEHLING Das wird definitiv getan. Also zum Beispiel bauen wir jetzt im Moment Layer (Hierarchiestufen) in der Organisation ab, aus genau diesem Gedanken heraus. Wirklich Kompetenzen, Entscheidungsmöglichkeiten auf andere Ebenen zu verlagern und Führungsebenen rauszunehmen. Das ist ganz bewusst so entschieden worden. Und wird auch jetzt gerade, während wir sprechen, weltweit so umgesetzt.

INTERVIEWER Wenn Sie in an Ihre Anfangszeit zurückdenken, was hätten Sie sich gewünscht zu hören, mit Blick auf Führung, mit Blick auf Ihre jetzige Position?

CHRISTIAN FEHLING Ich könnte jetzt nicht irgendetwas benennen, was anders hätte sein können. Ich hatte das Glück, viele Jahre in der Aus- und Weiterbildung tätig zu sein, in Learning und Development. Da unter anderem auch im Bereich Führungskräftetraining. Auf diese Art und Weise konnte ich mich natürlich immer viel selbst reflektieren. Mit Kollegen, mit anderen oder mit Führungsebenen. Das habe ich als das größte Geschenk im Prinzip betrachtet, dass ich mein Hobby im Beruf ausleben konnte. Insofern war das alles gut.

Ich war nicht immer mutig in meinem Leben. Ich bin eher ein vorsichtiger Typ und bin an viele Dinge ganz, ganz vorsichtig rangegangen. Aber ich glaube, diese Fähigkeit, den Mut, zuzulassen – ich glaube, dass das etwas ganz Wichtiges ist.

INTERVIEWER Und das scheint erfahrungsbasiert zu sein, was es bedeutet, wenn man mutig wird. Wenn Sie den Satz beenden: Lernen bedeutet für mich …

CHRISTIAN FEHLING Lernen bedeutet, sich auseinandersetzen.

INTERVIEWER Das ist ein schönes Schlusswort. Vielen Dank, Herr Fehling, dass Sie sich die Zeit für uns und unsere Fragen genommen haben.

9 Interview
Thorsten Isack und Christopher Klütmann

Was bedeutet Führung für mich?

CHRISTOPHER KLÜTMANN Ich möchte auf diese Frage nicht mit einer knappen Definition antworten, sondern etwas grundsätzlicher reflektieren.

Führung erlebe ich zunächst einmal als eine Notwendigkeit in der organisationalen Logik. In der Rolle der Führung manifestiert sich aus meiner Beobachtung eine soziale Erwartungshaltung in Bezug auf Richtung (wohin?), Orientierung (wozu?), Rahmung (womit und wie?), Wertschätzung und Anerkennung. Organisationen tun sich meines Erachtens immer noch schwer, alternative Entscheidungslogiken zu implementieren und auf einzelne Rollen und Funktionen im Unternehmen zu verteilen. Viele verharren im klassischen linearen Modell von Verantwortungsübernahme.

Frederic Laloux (2015), Bernd Oestereich und Claudia Schröder (2017), Brian Robertson (2017), Otto Scharmer (2013) & Co. haben durch ihre Publikationen in den letzten Jahren die Aufmerksamkeit auf die Möglichkeit von ko-kreativen Prozessen und Strukturen in Organisationen gelenkt. Also strukturelle Entmachtung der Führung zugunsten von Selbstorganisation und -steuerungsprozessen durch eine Kultur geteilter Verantwortungsübernahme, die die Autonomie des Einzelnen in der Organisation anspricht und entwickelt. Weg von »sag mir, was zu tun ist« hin zu »überlege dir das Wie, Wann und mit wem«.

Die Rolle der Führung spricht somit ihr Vertrauen für Entscheidungen aus. Eröffnet Räume für individuelle und kollektive Erfahrungen und wird durch Kommunikationen im Prozess wirksam. Dabei müssen nicht immer alle Entscheidungen voll umfänglich von der Führungskraft mitgetragen werden. Es könnte genauso gut sein, dass das Wissen oder die Erfahrung in einer Gruppe größer sind als das Wissen eines Einzelnen. Macht wird zugunsten einer kollektiven Intelligenz in eine andere Steuerungslogik überführt.

Ich glaube, dass wir gerade einen solchen Paradigmenwechsel in der Funktion von Führung erleben. Sexy, hip und agil. Ohne Krawatte und Anzug und in Turnschuhen. Der äußerliche Wandel ist schnell erreicht und ist von außen betrachtet für viele attraktiv, modern, cool. (Dass solch ein Wandel von innen teilweise belächelt wird und auf Widerstände stößt, gehört zum Bild dazu.)

Was ich daran kritisch sehe: Viele Organisationen verschreiben sich dieser Entwicklung und vergessen dabei, ihre Führungskräfte mitzunehmen und einzubinden. Ich beobachte in meiner Arbeit als Coach und Organisationsentwickler Kulturentwicklungsprogramme, in denen von kollektiver Intelligenz, dem Abbau von Prozessen zugunsten schneller Entscheidungen und Stärkung der Selbstorganisation gesprochen wird. Das ist alles schön und gut. Diese Programme können jedoch nur so gut sein, wie die Menschen sie in den Strukturen mit Leben füllen. In der Hauptaufgabe geht es um die eigene Haltung, die Reflexion der eigenen Rolle, einen angemessenen Umgang mit Kommunikationen zu finden und seine Entscheidungskompetenz zu entwickeln. Denn eines ist gewiss: Organisationen und Systeme sind durch solche Programme nicht steuerbar. Was umso mehr wirkt, ist ihre Eigenlogik.

Wirkliche Unterscheidungen beginnen daher dort, wo Führung sich reflektiert und bereit ist, Macht abzugeben, um Strukturen und Prozesse neu zu denken – und wo sie konsequent daran arbeitet, sich in der Rolle des alleinigen Entscheiders abzuschaffen. Und das fällt vielen schwer.

Wir erleben eine diverse Führungslandschaft in den Organisationen. Systemisch(er) betrachtet würde ich sagen, das Thema hat auch immer eine Wechselwirkung zur Umwelt. Hier bleibt es abzuwarten, welche Modelle sich ihren Weg bahnen werden. Meine Hoffnung ist, dass es weiter zu einer Öffnung von ko-kreativen Prozessen kommt und die Organisationen ihre Beteiligungsprozesse weiter ausbauen und die lineare Führung sich mehr und mehr abschafft.

Als Coach, Berater*in und Organisationsentwickler*in kann ich Organisationen unterstützen, in diesen Entwicklungsprozessen einen ko-evolutionären Weg in ihrer ganz eigenen Geschwindigkeit zu gehen. Der Blick von außen ist wichtig, um hilfreiche Prozessbegleitung anbieten zu können. Ich sage ganz bewusst »Begleitung«: Als Systemiker verstehen wir uns als Begleiter von Prozessen – das unterscheidet uns von anderen Beratungsangeboten.

THORSTEN ISACK Für mich ist Führung eine Form, Verantwortung zu übernehmen und aus einem Selbstverständnis heraus Entscheidungen zu treffen. Entweder für ein Projekt, für eine bestimmte Anzahl von Mitarbeitern, in einer Hierarchie oder in einem beliebig anderen Kontext.

Es ist wichtig, dafür zu sorgen, dass meine Mitarbeiter in einer gesunden Umgebung handlungsfähig ihrer Aufgabe nachkommen können. Außerdem bedeutet Führung auch, Konflikte aushalten zu können und diese nicht auf meine Person, sondern auf die Rolle zu beziehen, die ich gerade innehabe.

Führung ist für mich mit einer wertschätzenden, klaren Haltung verbunden. Eine Art Leuchtturm im Meer. Ich stelle mich dem Wetter, egal ob gerade die Sonne scheint oder ein Unwetter aufzieht. Die Mitarbeiter können sich an mir orientieren. Ich bin keine Fahne im Wind, sondern ein solides Gebäude, das im Inneren Halt und Schutz gibt und im Äußeren Bewegungs- und Gestaltungsfreiheit lässt.

Was sind immer wiederkehrende Themen in Führungskräfte-Coachings?

THORSTEN ISACK Unter den Top Ten in meinen Coachings und Trainings finden sich unter anderem Fragen nach der Haltung, der Ausgestaltung der Rolle, der Notwendigkeit von Abgrenzung, der Erweiterung von Konfliktlösungsstrategien und des Selbstmanagements.

Die Frage nach dem Umgang mit der eigenen Haltung kommt oft, wenn die Rolle der Führungskraft eine andere Haltung hat als in der Rolle als Mensch mit eigenen Bedürfnissen und Ansichten. Von Führungskräften wird erwartet, die Bedürfnisse des Unternehmens zu vertreten und vielleicht weniger das Einzelschicksal im Auge zu haben. Hier können Konflikte entstehen, wenn das Wertesystem der Leitung (z. B. Profit erwirtschaften, effizienter Umgang mit Zeit und Raum) mit dem Wertesystem der Mitarbeiter (z. B. soziale und wirtschaftliche Sicherheit) kollidiert. Gerade Führungskräfte in der »Sandwich-Position« zwischen höherem Management und Teamleitungen erlebe ich hier oft um Haltung ringend. Sie sind manchmal in der schwierigen Position, auch *für sie* unangenehme Themen »von oben« zu empfangen und »nach unten« durchzureichen.

Im Coaching höre ich oft, dass Menschen vor der Herausforderung stehen, gleichzeitig Führungskraft und Kollege sein zu wollen. Die Rollenklarheit mit all

ihren Vor- und Nachteilen sollte dem Vorgesetzen und dem Team klar sein. Sie dient als Orientierung für die Mitarbeiter und der Führungskraft.

Die Idee von Kontrolle (»Ich kann nichts abgeben und muss alles selber machen. Dann weiß ich, es wird gut«) ist ebenfalls ein immer wiederkehrendes Thema. Viele Kunden wundern sich nach einiger Zeit, dass ihre Energie nachlässt und sie sich gar nicht oder schwer wieder auflädt. Wie ein Akku, dessen Leistung nachlässt. In der Regel sind Arbeitsplätze mit mehr Verantwortung so ausgelegt, dass man delegieren muss. Und ob man zehn oder zwölf Stunden am Tag arbeitet, macht manchmal auch keinen Unterschied. Man kann nicht »fertig« werden, es ist immer etwas zu tun.

Mitarbeiter haben ein Recht auf die Fürsorgepflicht des Arbeitgebers – Führungskräfte auch! Bei Führungskräften geht man allerdings von einer hohen Eigenmotivation und Leistungsbereitschaft aus. Unabhängig davon, ob es tatsächlich so ist. Vielleicht mit dem Unterschied, dass Führungskräfte mehr für sich selbst sorgen müssen, je nachdem in welcher Position sie sich befinden. Das könnte dazu führen, dass Führungskräfte in Bezug auf ihre eigenen Grenzen weniger achtsam sind. Hier wären wir beim Thema »Resilienz«.

Berufliche Resilienz (psychische Widerstandskraft)
Resilienz ist ein wichtiges Thema in der heutigen Arbeitswelt und damit auch für Führung. Ich möchte hier *vier relevante Aspekte* herausgreifen, die ich für die Weiterentwicklung einer Führungshaltung bedeutsam finde.

Bewusste Entscheidungen
Handle und arbeite ich nur noch aus Gewohnheit und ist es für mich selbstverständlich, einen 12–14-Stundentag zu haben, kann die Gefahr eines Burnouts steigen. Je bewusster wir unsere Handlungen und Entscheidungen überdenken, umso stärker erlebe ich die Situation als kontrollierbar.

Gelebte Werte
Welche Werte leiten mein Denken und Handeln? Wie will ich sein und was ist es mir wert? Erlebe ich Frustration, weil meine Arbeit immer wieder gegen

meine Werte verstößt (z. B. der Verkauf von »unseriösen« Produkten und Dienstleistungen)? Wie überzeugt bin ich vom Produkt/von der Dienstleistung, die ich vertreten soll? Was sind meine Bedenken?

Entmachtung von Rahmenbedingungen

Dies können belastende Aufgaben, »schwierige« Kunden, Kollegen oder Vorgesetzte sein. In der Beratung oder im Coaching hören wir oft »Also, wenn mein Chef sich ändern würde, könnte ich viel produktiver sein«, »Ich ärgere mich so oft über meinen Kollegen, weil ...« »Wenn ich nicht die Vorgabe XY hätte, wäre ich viel schneller«. *Andere werden Sie nicht ändern können, nur sich selbst!* Fragen Sie sich, wie viel Macht Sie den Personen und Gegebenheiten geben. Mit welchem Sinn? Wie lange noch? Was könnte ein kleiner Schritt der Veränderung sein?

Grenzen – erkennen, bewahren, aufzeigen

In der Beratung und im Coaching ist der Satz »Ich muss wohl lernen, mich besser abzugrenzen« unter den Top Ten. Klingt einfach, ist es aber nicht, sonst hätte der Kunde es ja schon längst umgesetzt.

Wofür gehe ich über meine Grenzen? Was ist mein Motiv oder mein Muster? – Diese Fragen könnten an erster Stelle stehen, bevor wir daran arbeiten, »Nein« zu sagen.

THORSTEN ISACK Unter meinen Top Ten der immer wiederkehrenden Themen ist auch der Umgang mit Mitarbeitern, die schon sehr lange im Unternehmen sind und Veränderung eher skeptisch betrachten. Vielleicht, weil sie schon sehr viele Umstrukturierungsprozesse erlebt haben. Vielleicht, weil Veränderung nicht immer positiv besetzt ist und der Wert des Bewahrens höher eingeschätzt wird. Und vielleicht auch, weil sie am Ende ihres Arbeitslebens sind und andere Themen haben: Abschied und der Einstieg in eine neue Lebensphase vielleicht. Oftmals ist es wichtig, Menschen nicht zu überfordern und ihre Historie wertzuschätzen. Um die Zukunft gestalten zu können, ist es wichtig, die Vergangenheit anzuerkennen.

An dieser Stelle sollten Führungskräfte mit Widerstand, aber auch mit der Überforderung der Mitarbeiter umgehen können. Mir ist aufgefallen, dass in diesem Zusammenhang die folgenden Formulierungen besonders oft genannt werden:

»Das haben wir schon immer so gemacht ...«

Diese Aussage und die Frage nach dem Umgang damit hören wir oft in Coachings und Seminaren. Charles Clark hat diese Art der vorgeschobenen Argumentation bereits 1973 als »Killerphrase« bezeichnet.

Beharrungs-Killerphrasen sollen Veränderungen verhindern, damit alles so bleibt, wie es ist.
Zum Beispiel: »Das haben wir schon immer so gemacht.«
Eine mögliche Antwort darauf könnte sein: »Ich höre, Sie haben gute Erfahrung mit Beständigkeit gemacht. Was davon kann in der jetzigen Situation hilfreich sein?«

Autoritäts-Killerphrasen beruhen auf Überlegenheitsgefühlen und sollen andere einschüchtern.
Zum Beispiel: »Wie oft muss ich das noch sagen. So läuft das nicht.«
Ein möglicher Umgang: »Ich höre, Sie haben konkrete Ideen, wie es zu laufen hat. Was genau meinen Sie?«

Besserwisser-Killerphrasen nehmen das Ergebnis vorweg.
Zum Beispiel: »Ich weiß schon, wie das endet.«
Eine Antwort darauf könnte sein: »Sie haben viel Erfahrung. Lassen Sie uns daran teilhaben. Was würden Sie tun?«

Bedenkenträger-Killerphrasen können ebenfalls aus der Angst vor Veränderung erfolgen.
Zum Beispiel: »Das sollten wir lieber lassen. Wir möchten uns nicht die Finger verbrennen.«
Hier könnte man folgendes Reframing anbieten: »In der Vergangenheit haben Sie schmerzhafte Erfahrungen gemacht. Nehmen wir mal an, Sie könnten sich jetzt besser schützen. Was könnten Sie konkret tun, wenn es bei der Umsetzung bleibt?«

Vertagungs-Killerphrasen: Aus einer möglichen Angst vor Fehlern sollen Entscheidungen herausgezögert werden.
Zum Beispiel: »Meiner Meinung nach ist die Zeit dafür noch nicht reif.«
Eine mögliche Reaktion: »Was brauchen Sie, um XY umzusetzen und wann, denken Sie, ist die Zeit dafür da?«

Angriffs-Killerphrasen sind offene persönliche Angriffe:
Zum Beispiel: »Typisch Mann/Frau«, »Sie in Ihrem Alter ...«

Bei offenen verbalen Angriffen könnten Sie folgende Strategien einsetzen:
- stumme Geste: Blickkontakt aufnehmen und etwas wortlos notieren
- zweisilbiger Kommentar: »Ach so …«, »Aha …« etc.
- unpassendes Stichwort als paradoxe Intervention: Zum Beispiel: »Eine Schwalbe macht noch keinen Sommer.«
- entgiftende Gegenfrage: »Was genau meinen Sie mit …?«, »Wie definieren Sie XY …?«
- Nachgeben und Zustimmen: »Ich stimme Ihnen gerne zu, wenn wir so weiterkommen.«
- sachliche Feststellung: »Sie sind gerade verärgert«, »Sie haben etwas Anderes erwartet.«
- Konfrontation: »Mit dieser Bemerkung haben Sie mich beleidigt. Ich erwarte eine Entschuldigung.«
- Kompliment: »Ich mag die Art, wie Sie die Worte aneinanderreihen.«
- Spielregeln klären: »Sie haben mich jetzt öfter unterbrochen. Ich schlage vor, wir lassen einander ausreden.«

(nach Berckhan, 2001)

THORSTEN ISACK »Wie kann ich meine Mitarbeiter motivieren?« – diese Frage schließt sich an das Thema des »Unwillens zur Veränderung« oft an. Und ich mache hier eine Unterscheidung. Meiner Meinung nach ist es nicht Aufgabe einer Führungskraft, zu motivieren, sondern dafür zu sorgen, dass die Mitarbeiter nicht demotiviert werden. Ich finde, das ist ein Unterschied. Ich setze den Schwerpunkt auf die Gestaltung der Rahmenbedingungen, die den Mitarbeiter am Arbeitsplatz halten. So sollte jede Führungskraft sich die Frage stellen, welche Umgebung sie für ihre Mitarbeiter schafft, so dass diese gerne zur Arbeit kommen. Motivation kann nur von innen heraus, vom Mitarbeiter selbst kommen. Die Ursprünge von Motivation können durchaus vielfältig sein: Geld, Freude an der ausgeübten Tätigkeit, Selbstverwirklichung, ein karitativer Gedanke und sicher noch einiges mehr. Oft höre ich, dass Mitarbeiter nur mit finanziellen Anreizen zu motivieren sind. Ich finde, das ist viel zu kurz gegriffen. Motivation ist keine Eigenschaft, sondern das Ergebnis eines komplexen Prozesses. Hier wirken viele Faktoren ein.

Einflussfaktoren von Motivation
»*Antriebsstärke*: Sie ist unsere innere Triebfeder, die – abhängig von unserer Anspannung bzw. Entspannung – stärker oder schwächer sein kann.
Selbstwirksamkeit: Das ist die unterschiedlich stark ausgeprägte Überzeugung, das eigene Leben nach eigenem Ermessen gestalten und leben zu können, also konsequent Eigenverantwortung zu übernehmen.
Unsere *Emotionen:* Sie können uns – sofern wir unserer Gefühlswelt nah genug sind – als ›internal consultants‹ bei der Entscheidungsfindung beraten.
Die *psychologische Zeitperspektive:* Sie bestimmt darüber, welche Werte bzw. Ziele je nach Lebensphase, Erziehung etc. für den Einzelnen eine mehr oder weniger starke Bedeutung bekommen können.
Alle diese Faktoren sind eingebettet in ein Gefüge aus Willensstärke, Kompetenzen und geeigneten Bedingungen. Erst dieses Gefüge entscheidet über Erfolg oder Misserfolg« (Niermeyer, 2007, S. 12).

Was sagt die Motivationspsychologie?
These: Man kann Menschen nicht motivieren! Im Rahmen von Motivationsforschung wird unter anderem der Frage nachgegangen, welche Antriebe ein bestimmtes Verhalten auslösen. Der Befriedigung von Bedürfnissen wird dabei eine große Rolle zugeschrieben. Sie bildet eine wichtige Basis für Motivation. Maslow hat die sogenannte Bedürfnispyramide entwickelt:
Die einzelnen Ebenen der Pyramide setzen eine Bedeutung oder eine Gewichtung der Bedürfnisse fest. Erst wenn die Grundbedürfnisse wie Essen und Trinken befriedigt sind, kann ich mich mit meinen Bedürfnissen nach Anerkennung und/oder Selbstverwirklichung auseinandersetzen. Das Modell wird heute weniger linear, hierarchisch gedacht, sondern eher zirkulär, kontextabhängig erweitert.
Bedürfnisse sind in Kontexten unterschiedlich und führen somit zu unterschiedlichen Motivationen. Das Bedürfnis nach Wertschätzung hat im Rahmen der Familie möglicherweise eine andere Funktion als im organisationalen Kontext.
Es lassen sich viele verschiedene Modelle von *Grundbedürfnissen* des Menschen finden, die laut von der Oelsnitz (2012) Energie spenden und eine »innere Triebfeder« darstellen. Unterschieden wird zwischen existenziellen Bedürfnissen (Hunger, Obdach …), Beziehungsbedürfnissen (Kontakt, Liebe,

Freundschaft, Anerkennung …) und Wachstums-
bedürfnissen (Selbstverwirklichung).
Grawe (2000) bietet ein weiteres Modell an:
- Orientierung und Kontrolle
- Bindung
- Selbstwert und Selbstwerterhöhung
- Lust und Unlustvermeidung

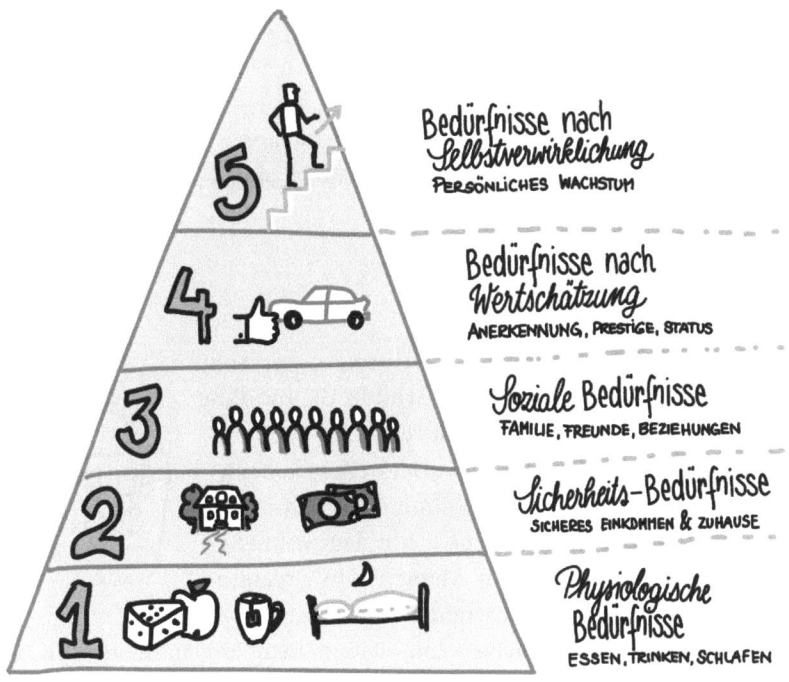

Wie können diese Modelle in der Praxis genutzt werden?
- Wo haben diese Themen in der Organisation ihren Platz?
- Gibt es einen regelmäßigen Austausch zu den Themen Orientierung, Sinn und Unsinn am Arbeitsplatz sowie Verantwortungsübernahme und Wertschätzung und Anerkennung?
- Welche Kommunikation, Struktur oder welcher Prozess ermöglicht, das Thema der Motivation in den Blick zu nehmen?

- Wann haben Sie sich das letzte Mal mit dem Thema der Motivation im organisationalen Kontext auseinandergesetzt?

Motivation
- Wann haben Sie das letzte Mal das Gefühl gehabt, für eine Aufgabe motiviert zu sein?
- Wer oder was hat dazu beigetragen, dass Sie sich motiviert fühlten?
- Wer oder was hat noch davon profitiert?
- Mal angenommen, ich könnte Ihre Kolleg*innen fragen, was Sie dazu beigetragen haben, dass sie motiviert waren, welche Antwort würde ich hören?
- Auf einer Skala von 1 bis 10, wenn 1 niedrig und 10 hoch ist, wie motiviert sind Sie derzeit in Ihrer Arbeit?
- Was wäre ein guter Wert für Sie?
- Was können Sie dafür tun, um den Wert zu erhöhen?
- Wer oder was hat noch einen Einfluss auf Ihre Motivation?

Kann man Führung lernen?

CHRISTOPHER KLÜTMANN In Führung gehen sollte zuallererst gewollt sein. Die guten Gründe, die für diese Entscheidung sprechen, sollten gut reflektiert sein und die Frage »wozu« sollte klar beantwortet werden können. Nichts ist für die Organisation schlimmer als Führungskräfte, die diese Entscheidung mehr mit dem »Außen« als mit den »Innen« betrachten. Menschen in Organisationen zu begleiten, kann eine wunderbare Erfahrung sein,  wenn sie von einer wertschätzenden, offenen, neugierigen, ressourcen- und lösungsorientierten Haltung getragen wird. Nichts ist spannender, als kommunikative Prozesse als Führungskraft zu gestalten. Entwicklungen voranzutreiben und Räume dafür in seinem Verantwortungsbereich zu öffnen. Status, Geld sowie die Jagd nach Geltung und Aufmerksamkeit sind das Gift in Organisationen, die sich toxisch ihren Weg durch Strukturen, Prozesse und Kommunikationen bahnen. Führung erfüllt keinen Selbstzweck und dient nicht dazu, das eigene Ego zu befeuern, sie ist eine dienende, unterstützende Funktion für die Organisation.

Aus diesem Grund würde ich sagen, ja, in Teilen kann man Führung lernen. Methoden und Werkzeuge können über Erfahrungen eingesammelt werden. Die Haltung, sich immer wieder zu reflektieren und auf den Prüfstand zu stellen, erfordert eine Bereitschaft, in einen kontinuierlichen Dialog einzusteigen. Mit Kolleg*innen genauso wie mit seinen Mitarbeiter*innen. Immer verbunden mit dem Bewusstsein, dass auch meine Wahrnehmung nur selektiv ist und eine Führungskraft nicht alles wissen oder überblicken kann. Geschweige denn steuern könnte.

Im Rahmen von Coachings erlebe ich immer wieder, wie herausfordernd es sein kann, gemeinsam mit seinem Coachee Sinnkonstruktionen zu hinterfragen, Perspektivwechsel einzuleiten und andere Wirklichkeiten zuzulassen. Das gewohnte Denkmuster zu verlassen und sich dabei in ungewohntes Terrain zu begeben, fällt vielen zu Beginn des Coaching-Prozesses schwer. Gelernte Sicherheit durch geführte, enge und linear aufgebaute kommunikative Räume sowie alleinige Entscheidungen und Kontrolle sind für Führungskräfte auch in komplexer werdenden Umwelten immer noch beobachtbare Phänomene.

Umso mehr hat es mich gefreut zu sehen, dass unsere Interviewpartner*innen bei all der Unterschiedlichkeit einen sehr zugewandten und neugierig-wertschätzenden Stil gegenüber ihren Mitarbeiter*innen pflegen. Beeindruckt haben mich die Beschreibungen einzelner Interviewpartner*innen, wie sie sich auf den Weg gemacht haben, um ihre Rolle als Führungskraft zu finden. Dabei wurde ganz offen bspw. von ihrem positiven Scheitern gesprochen. Diese offene Kultur braucht es verstärkt in Organisationen. Erzähl mir von deinen Erfahrungen, wie ist es dir gelungen, womit hast du gute Erfahrungen gemacht und wie würdest du dieses Thema angehen?

Stolz auf Fehler sein

- Welche Fehlerkultur könnten wir in Ihrer Organisation beobachten?
- Wie würden Sie diese beschreiben?
- Fehler machen bedeutet was für Sie?
- Wie sind Sie bisher mit eigenen Fehlern umgegangen?
- Und wie mit Fehlern anderer?
- Welche Fehler haben Sie zu dem gemacht, was Sie heute sind?
- Wenn ich Ihre Kolleg*innen fragen würde, wie Sie zu einer positiven Fehlerkultur stehen, was würde ich hören?
- Und welche Idee hätte Ihr Chef dazu?
- Was könnten Sie ganz konkret dafür tun, dass ein Scheitern möglich wird?

Chaos und Strukturbildung in Veränderungsprozessen
Trenne in deiner inneren Buchhaltung die Beschreibung beobachteter Phänomene von ihrer Erklärung und Bewertung!
»Aus der Beschreibung von Phänomenen ergibt sich noch keine direkte Handlungskonsequenz; erst die Bewertung eines so beschriebenen Zustandes als erwünscht oder unerwünscht führt zu der Frage, wie er erhalten oder verändert werden kann; die Maßnahmen, die dann ergriffen werden, um dieses Ziel zu erreichen, richten sich nach den jeweils konstruierten Erklärungen (generierenden Mechanismen) für den Ist- oder Sollzustand; wenn Beschreibungen, Erklärungen und Bewertungen fest miteinander gekoppelt werden, werden zwangsläufig immer Handlungsoptionen eingeschränkt und das Suchen und Finden kreativer, neuer Lösungen verhindert« (Simon, 2015, S. 114).

THORSTEN ISACK Mit der Frage, ob man Führung lernen kann, verknüpfe ich die Frage der Motivation. Warum und wie bin ich Führungskraft geworden? Habe ich mich gezielt auf die Rolle vorbereitet und darauf hingearbeitet? Bin ich es aufgrund meiner Betriebszugehörigkeit geworden? Wie ist mein Verhältnis zu Macht und Verantwortung? Wie wird Macht in meinem Umfeld definiert?

Je nach Kontext ist es fast selbstverständlich, nach einer gewissen Anzahl von Berufsjahren »aufzusteigen«. Oft erlebe ich dies im öffentlichen Dienst und in Verwaltungen. In anderen Kontexten gibt es Auswahlverfahren und gezielte Trainings zur Vorbereitung auf die neue Rolle. Bei manchen Berufen gehört die Führungsfunktion quasi dazu, z. B. bei Ärzten im Krankenhaus. Oder wie sieht es bei Selbständigen und Start-ups aus, die plötzlich Mitarbeiter beschäftigen und stetig wachsen?

Ob man Führung lernen kann, hängt vielleicht auch mit der Bereitschaft zusammen, sich auf die Rolle einzulassen. Wie reagiere ich in herausfordernden Situationen, wenn meine Rolle in Frage gestellt wird? Hier trenne ich bewusst die Rolle und die Person. Dies wird oft vermischt und die persönliche Befindlichkeit überlagert die Professionalität. Ein klares Ja oder Nein zu sagen fällt mir schwer. Meiner Meinung nach muss eine Führungskraft konfliktfähig sein. Die Bereitschaft haben, die eigenen Verhaltensmuster zu hinterfragen und ein von Wertschätzung geprägtes Menschenbild leben. Ist einer dieser Punkte nicht vorhanden, sollte man den Job nicht annehmen. Das ist meine Haltung dazu. Führung allein durch Macht und Angst führt zu Leid und Unglück bei den Mitarbeitern, deren Umfeld und der Organisation. Langfristig ist dies zum Scheitern verurteilt und keine Option. Gute Führungskräfte kann man vielleicht daran erkennen, dass sie auf der einen Seite Menschen »laufen lassen«, um sie halten zu können, und auf der anderen Seite dort Rahmen geben und Grenzen ziehen, wo es nötig ist.

Wie gestalten wir Lehr- und Lernprozesse in Führungsentwicklungsprogrammen?

CHRISTOPHER KLÜTMANN Ich werde nicht müde, die Haltung als ein zentrales Element der Fortbildung von Führungskräften zu vertreten. Mit welchen Bildern von Führung steigen Menschen in diese Rolle ein? Welche Vorbilder hat es gegeben und was waren dabei attraktive Verhaltensweisen? Wozu gerade Führung? Es gibt viele andere, wunderbare Rollen in Organisationen. Was begeistert daran und welche Vorstellungen sind damit verbunden? Neben der Entwicklung der eigenen Führungspersönlichkeit geht es meines Erachtens immer auch um Kommunikation und die Fähigkeit, diese aktiv und bewusst einzusetzen. Nach Luhmann bestehen Organisationen ausschließlich aus Entscheidungen und Kommunikationen sowie Rollen, die dafür zuständig sind. Demzufolge macht es Sinn, sich seiner eigenen Kommunikation bewusst zu sein. Wie kommuniziere ich? Was steht mir dabei zur Verfügung? Systemische Fragetechniken sowie achtsames Zuhören gehören dabei zum Grundrepertoire eines Entwicklungsprogrammes. Das Thema »Entscheidungen« und der Umgang mit Konflikten sind ebenso relevant.

Mittlerweile bin ich nicht mehr davon überzeugt, dass Trainings allein ausreichend sind. Zu einer gewinnbringenden Lehr- und Lernkultur gehört für mich eine aktive Auseinandersetzung und Vernetzung außerhalb des Trainingsraums, um das Erfahrene und Gelernte anzuwenden. Kleinere Reflexionseinheiten mit Peergruppen können den Prozess intensivieren, genauso wie virtuelle Coaching-Einheiten eine gute, umsetzbare Erweiterung sind. Auch ein kontinuierlicher Prozess der Auseinandersetzung mit der eigenen Rolle gehört für mich dazu. Themen mögen sich auf den ersten Blick wiederholen. Die Kontextbedingungen und Kommunikationen sind jedoch immer wieder neu. So wie wir niemals in den gleichen Fluss steigen können, sind auch die Situationen immer wieder anders und einzigartig. Kommunikationen sind nicht reproduzierbar. Das Leben ist immer jetzt.

Ich will Führungskraft werden

- Worauf wollen Sie in Ihrer Organisation/Ihrem Unternehmen/System (mehr) Einfluss nehmen?
- Welchen Unterschied erzeugen Sie?
- Was ist dann besser/anders für wen?
- Was bedeutet Führung für Sie?
- Wofür benötigt die Organisation Sie in der Rolle als neue Führungskraft?
- Woran würde ich erkennen, dass Ihnen Führung gelingt?
- Wozu wollen Sie Führungskraft werden?
- Um was zu erreichen?
- Was wäre danach ganz konkret anders für Sie?
- Wer würde es als Eerstes bemerken, dass Sie jetzt Führungskraft sind?
- Und wer würde noch davon profitieren?
- Mal angenommen, es gäbe einen Auftrag, in Führung zu gehen, wer könnte Ihnen den gegeben haben?
- Woran würden Sie erkennen, dass Sie eine gute Führungskraft sind?

THORSTEN ISACK Oft höre ich den Wunsch nach »Tools« oder Manualen, die man in bestimmten Situationen immer wieder einsetzen kann. Dies ist meiner Meinung nach nicht hilfreich. Es grenzt die Bewegungsfreiheit eher ein. Auch mir ist die Haltung, die dahinter steht, am Wichtigsten. In erster Linie muss ich mich selbst führen können, um andere zu führen. Das ist die Grundvoraussetzung. Mit welcher Grundhaltung begegne ich meinem Gegenüber? Hier erlebe ich den systemischen Ansatz als extrem hilfreich und öffnend. Die Idee, dass wir unser Gegenüber nicht ändern können, sondern nur uns selbst. Dies wirkt sich auf den Kommunikationsprozess aus und macht einen Unterschied.

Das Verstehen unseres Gegenübers bei gleichzeitiger Klarheit der eigenen Position ist der Schlüssel für eine gute und vertrauensvolle Zusammenarbeit. Das klingt in der Theorie einfach, zeigt sich in der Praxis aber als herausfordernd.

Denken Sie bitte mal an Situationen, aus denen Sie am meisten gelernt haben. Egal ob beruflich oder privat. Was haben diese Situationen oft gemeinsam? Ich habe am meisten aus meinen Fehlern gelernt. Die größten Entwicklungsschritte haben sich bei mir aus Krisen heraus entwickelt. Ich musste raus aus meiner Komfortzone. Veränderung geschieht nicht in der Komfortzone, sondern darüber hinaus. Aus diesem Grund finde ich das Reden übers Scheitern so wichtig. Meine besten Trainings waren die, in denen sich die Teilnehmer über ihre Ängste, Sorgen und Erfahrungen ausgetauscht haben. Es kann entlastend sein, zu hören, dass die anderen am gleichen Punkt stehen oder mal gestanden haben. Wenn man an einem Punkt steht, muss man nicht dort stehen bleiben. Das nehme ich gerne wörtlich. Warum sind Sportler so gut in dem, was sie tun? Auch, weil sie Freude und ein gewisses Talent haben. Aber vor allen Dingen, weil sie hart trainieren. Immer und immer wieder. Und das sollten Führungskräfte auch! Sei es der Umgang mit als herausfordernd erlebten Situationen, Gesprächsführung, Feedback erhalten und geben können und aus den eigenen Erfahrungen zu lernen. Das ist alles kein Hexenwerk, sondern das Ergebnis von Training.

Dazu gehört auch Selbstreflexion, einmal innezuhalten, einen Schritt zurückzugehen, um anschließend wieder zwei nach vorne zu machen. Es ist wichtig, sich auch einzugestehen, wenn der eigene Weg nicht zum Ziel geführt hat. Es ist eine große Stärke, seinem Team gegenüber zu signalisieren, dass es völlig in Ordnung ist, Fehler zu machen oder im Zweifel Entscheidungen rückgängig zu machen. Wichtig ist es, als Führungskraft die Verantwortung dafür zu übernehmen.

Wie habe ich es gelernt, Gruppen und Menschen zu führen? Indem ich es einfach gemacht habe und auf meine Fähigkeiten vertraue. So gestalte ich auch meine Lehr- und Lernprozesse: analysieren, was vorhanden ist, was noch gebraucht wird – und dann ab ins Trainingslager.

Wie wird sich Führung in fünf bis zehn Jahren entwickeln?

CHRISTOPHER KLÜTMANN Das ist meine absolute Lieblingsfrage ... Wenn ich das wüsste! Es bleibt abzuwarten, wie sich die Organisationskulturen entwickeln werden. Meines Erachtens können wir diese Frage nicht ohne den Kontext beantworten, in dem sie gestellt worden ist. Wenn ich an Führung denke, dann schaue ich auch über die Logik von Organisationen hinaus. Das Thema »Führung« steht meines Erachtens immer auch in Wechselwirkung mit gesamtgesellschaftlichen und politischen Entwicklungen. Wie reagieren die Organisationen darauf? Bedingen äußere Einflüsse eher eine offene, selbstorganisierte Kultur von Führung, wie es Laloux, Robertson und Co. beschreiben? Oder fördern äußere Einflüsse eine Logik von enger, geschlossener und kontrollierender Führung?

Die politische Dimension bietet uns dazu aktuell einiges an. Rechtspopulismus und Nationalismus sind auf der Welt wieder auf dem Vormarsch. Die Trumps, Bolsonaros und Orbans dieser Welt haben gerade viel Wind unter den Flügeln. Diese Männer stehen für einen autoritären, machtbesessenen, egoistischen, ja radikalen Führungsstil. Als Systemiker*innen gehen wir davon aus, dass es so etwas wie System-Umweltbedingungen gibt, die in den sozialen Raum mit hineinwirken. Auch hier in Deutschland haben wir nationalistische

Tendenzen, die das Autoritäre fördern und das Ausgrenzende versuchen wieder salonfähig zu machen. Ein Grund mehr, sich jetzt mit dem Thema der Führung auseinanderzusetzen! Jede Führungskraft sollte das tun. Führung gestaltet Kommunikationen, die wahrgenommen werden. Damit werden immer wieder neue Kommunikationen in Gang gesetzt, auch über die Organisationslogik hinaus. Mit anderen Worten: Weil Führung mehr prägt als nur die Beziehung von Führungskraft und Mitarbeiter, ist sie gesellschaftlich relevant. Durch Führung werden Bilder aktiviert, die einen Unterschied auch auf gesellschaftlicher Ebene mit sich bringen können. Wie leben Führungskräfte Vertrauen auf Menschen und Prozesse? Wo und Wie findet Integration, Würdigung und Anerkennung statt? Das heißt für mich nicht ein weichgespültes Miteinander, sondern eine organisationale Kultur, in der es gelingt Menschen in ihrer Autonomie anzusprechen. Mit all den Konsequenzen, die es mit sich bringt, wenn Unterschiede sichtbar werden. Wie diese Unterschiede mit Leben gefüllt werden, machen den Unterschied. Klarheit, Transparenz sowie eine Würdigung anderer Perspektiven machen einen Unterschied. Wenn das gegeben ist und über Führung hergestellt wird, dann sehe ich einer positiven Entwicklung von Führung in den nächsten fünf bis zehn Jahren entgegen.

Unterschiedliche Kulturen
- Wie integriere ich die verschiedenen Nationalitäten/Kulturen?
- Was vereint?
- Was trennt?
- Was sind Gemeinsamkeiten?
- Welche Unterschiede kann ich beobachten?
- Wer braucht was von wem, damit Zusammenarbeit gelingt?
- Wie offen bin ich für Neues, Fremdes?
- Wie gelingt Ihnen Integration auf welche Weise?
- Was tun Sie ganz konkret dafür?

THORSTEN ISACK Vor zehn Jahren saßen vier bis fünf Bewerber einer Führungskraft gegenüber und haben sich ins Zeug gelegt, um den Job zu bekommen. Heute sitzt ein Bewerber (wenn er denn kommt) vier bis fünf Führungskräften gegenüber, die sich ins Zeug legen um den Bewerber von ihrer Stelle zu überzeugen. So oder so ähnlich höre ich Aussagen von Personalverantwortlichen in Stadtverwaltungen, Luftfahrtunternehmen, Einzelhandelshandelsketten, Polizei etc.

Angebot und Nachfrage ändern den Führungsstil. Ich erlebe es, dass Führung mehr und mehr auf Augenhöhe und Kooperation erfolgt. Definierten sich früher viele Menschen über die ausgeübte Tätigkeit, steht bei der heutigen Generation eher das Drumherum im Mittelpunkt. Die Work-Life-Balance ist der neuen Generation oft wichtiger als Geld und Status. Außerdem suchen sie oft vermehrt nach Bestätigung und Selbstverwirklichung. Das hat Auswirkungen auf die Arbeit und die Rahmenbedingungen.

Ebenso erlebe ich eine Verunsicherung meiner Kunden im Umgang mit Mitarbeitern, die ein verändertes Selbstwertgefühl haben. Diese Mitarbeiter wissen, dass sie sich die Jobs aussuchen können. Auch hier muss sich Führung anpassen. Und darum geht es vielleicht: Führung passt sich an den Menschen an. Dazu gehört Flexibilität, Mut und Voraussicht.

Wie sich Führung in fünf bis zehn Jahren entwickeln wird, kann ich nicht sagen. Aber eins ist klar: Alleine führen kann man nicht. Vielleicht lässt es sich mit Tanzen vergleichen: Ich gebe die Schritte vor, bestimme vielleicht noch die Musik und stelle den Raum zur Verfügung. Der Musikgeschmack verändert sich vielleicht im Laufe der Jahre und ich muss meine Schritte anpassen. Aber wenn ich allein auf der Tanzfläche stehe, kann ich nichts bewirken.

Danksagung

Das Schlusswort von Thorsten ist auch schon das Ende dieses Buches. Ein Schlusswort ist aber eben nicht das letzte Wort. Über Führung wird immer wieder neu nachgedacht und gesprochen werden. »So geht Führung – basta« – diesen Satz haben wir nicht gehört. Und er wäre aus systemischer Perspektive auch sinnlos.

In den vergangenen 24 Monaten haben wir in spannenden Interviews viel über Führung lernen dürfen. Diese Einblicke in die Praxis haben uns bereichert. Umso mehr möchten wir uns bei allen unseren Interviewpartnerinnen und -partnern bedanken. Für ihre Zeit, für die Möglichkeit, an Ideen und Gedanken und natürlich auch an Führungserfahrung anzukoppeln und diese nicht nur mit uns, sondern auch mit den Leserinnen und Lesern dieses Buches zu teilen.

Danke, Anne und Stefan Lemcke, Inhaber von Ankerkraut, für die Gastfreundschaft in privater Umgebung und die heitere, ausgelassene Stimmung während des Interviews.

Danke an Dr. Sven Kloninger, Gruppenleiter bei der DZ Bank, der extra zum Flughafen gefahren ist, um sich mit uns zu treffen und das Interview durchzuführen.

Danke an Dr. Jan Gloßmann, Geschäftsführer in der Uniklinik Köln, für die Einblicke in das Gesundheitswesen und die sich verändernden Strukturen.

Danke an Jutta Kleinschmidt, Rennfahrerin und Gewinnerin der Rallye Dakar, die sich per Telefon Zeit für das Interview genommen hat. Wir wünschen ihr allzeit gute Fahrt!

Danke an Marie Isack, Personaldirektorin bei Maredo. Trotz gefühlten 40 Grad Außentemperatur und einem langen Arbeitstag hätten wir gerne noch eine weitere Stunde drangehängt.

Danke an unsere Interviewpartnerin aus dem Stiftungswesen. Es war unser erstes Interview und gab den Startschuss.

Danke an Frank Kellenberg, Head of People and Organisation bei der Novartis AG, für das geführte Telefoninterview und die Hartnäckigkeit, nach einigen

Terminversuchen dranzubleiben und das Interview mit einiger zeitlicher Verzögerung durchzuführen.

Danke an Christian Fehling, Personalleiter im Motoren- und Druckgusswerk bei den Ford-Werken, für die Einblicke in die Umstrukturierungsmaßnahmen und die sich verändernden Umwelten der Automobilbranche.

Bedanken möchten wir uns auch bei unserem Verlag Vandenhoeck & Ruprecht und im Speziellen bei Günter Presting und Ulrike Rastin, die von Anfang an das Projekt unterstützt haben und gute Sparringspartner für uns waren. Sie hatten in den zwei Jahren der Produktion genügend Atem und haben uns immer das Gefühl vermittelt, »die Jungs werden fertig sein, wenn sie fertig sind«.

Danken möchten wir auch unserer Grafikerin Tanja Wehr, die einige Textpassagen und Aussagen mit kreativem Auge und Sinn in Sketches verwandelt hat, die den Text auflockern und eine leichtere Lesbarkeit ermöglichen.

Literatur

Andrzejewski, L., Refisch, H. (2015). Trennungs-Kultur und Mitarbeiterbindung. Kündigungen, Aufhebungen, Versetzungen fair und effizient gestalten (4., neu bearb. und erw. Aufl.). Köln: Luchterhand.
Arnold, R. (2012). Wie man führt, ohne zu dominieren. 29 Regeln für ein kluges Leadership. Heidelberg: Carl Auer.
Bateson, G. (2014). Ökologie des Geistes. Anthropologische, psychologische, biologische und epistemologische Perspektiven (11. Aufl.). Frankfurt a. M.: Suhrkamp.
Beckhard, R. (1972). Optimizing team building efforts. Journal of Contemporary Business, 1 (3) 23–27.
Berckhan, B. (2001). Die etwas intelligentere Art, sich gegen dumme Sprüche zu wehren. München: Heyne.
Bieri, P. (2016). Wie wollen wir leben? München: dtv.
Blume, R. (2016). Systemische Ethik. Orientierung in der globalen Selbstorganisation. Göttingen: Vandenhoeck & Ruprecht.
Clark, Ch. H. (1979). Brainstorming. Methoden der Zusammenarbeit und Ideenfindung (3. Aufl.). München. Verlag Moderne Industrie.
Clement, U. (2018). Wandel in Organisationen. Über Roadmaps, Heldenreisen und Saftpressen. Göttingen: Vandenhoeck & Ruprecht.
CONECTA (2016). Führung leben. Praktische Beispiele – praktische Tipps – praktische Theorie: Heidelberg: Carl Auer.
Emcke, C. (2019). Ja heißt ja und … Ein Monolog. Frankfurt a. M.: Fischer.
Gellert, M., Nowak, C. (2010). Teamarbeit – Teamentwicklung – Teamberatung. Ein Praxisbuch für die Arbeit in und mit Teams (4., erweit. Aufl.). Meezen: Limmer.
Grawe, K. (2000). Psychologische Therapie (2. Aufl.). Göttingen: Hogrefe.
Kahneman, D. (2014). Schnelles Denken, langsames Denken. München: Pantheon.
Kaiser-Nolden, E. (2010). Systemisches Change Management. Systhema 3, 241–256.
Kessels, E. (2018). Fast Pefrekt. Die Kunst, hemmungslos zu scheitern. Wie aus Fehlern Ideen entstehen. (2. Aufl.). Köln: Dumont.
Königswieser, R., Exner, A. (2008). Systemische Intervention. Architekturen und Designs für Berater und Veränderungsmanager (9. Aufl.). Stuttgart: Schäffer-Poeschel
Kühl, S. (2011). Organisationen. Eine sehr kurze Einführung. Wiesbaden: Springer VS.
Laloux, F. (2015). Reinventing Organizations. Ein Leitfaden zur Gestaltung sinnstiftender Formen der Zusammenarbeit. München: Franz Vahlen.
Luft, J., Ingham, H. (1955). Johari Window. http://richerexperiences.com/wp-content/uploads/2014/02/Johari-Window.pdf (Zugriff 06.05.2020).
Luhmann, N. (2014) Vertrauen (5. Aufl.) Stuttgart: UTB.
Müller, M. (2003). Killerphrasen … und wie sie gekonnt kontern. Frankfurt a. M.: Eichborn.

Niermeyer, R. (2007). Motivation: Instrumente zur Führung und Verführung. Freiburg: Haufe Lexware.
Oelsnitz, D. von der (2012). Einführung in die systemische Personalführung. Heidelberg: Carl-Auer.
Oestereich, B., Schröder, C. (2017). Das kollegial geführte Unternehmen. Ideen und Praktiken für die agile Organisation von morgen. München: Franz Vahlen.
Orthey, F. M. (2013). Systemisch Führen. Grundlagen, Methoden, Werkzeuge. Stuttgart: Schäffer-Poeschel.
Richter, T. (2016). Jeder kann führen. Über moderne Führung zwischen Systemdenken und Menschlichkeit. Norderstedt: Books on Demand.
Robertson, B. (2017). Holocracy. Ein revolutionäres Management-System für eine volatile Welt. München: Franz Vahlen.
Satir, V. (2010a). Kommunikation, Selbstwert, Kongruenz. Konzepte und Perspektiven familientherapeutischer Praxis (8. Aufl.). Paderborn: Junfermann.
Satir, V. (2010b). Mein Weg zu dir. Kontakt finden und Vertrauen gewinnen (11. Aufl.). München: Kösel.
Scharmer, C. O. (2013). Theorie U. Von der Zukunft her führen (3. Aufl.). Heidelberg: Carl Auer.
Schein, E. (2010) Prozessberatung für die Organisation der Zukunft (3. Aufl.). Gevelsberg: EHP – Verlag Andreas Kohlhage.
Schlippe, A. von, Schweitzer, J. (1999). Lehrbuch der systemischen Therapie und Beratung (6. Aufl.). Göttingen: Vandenhoeck & Ruprecht.
Schwing, R., Fryszer, A. (2010). Systemisches Handwerk. Werkzeug für die Praxis (4. Aufl.). Göttingen: Vandenhoeck & Ruprecht.
Seliger, R. (2014). Das Dschungelbuch der Führung. Ein Navigationssystem für Führungskräfte (5. Aufl.). Heidelberg: Carl Auer.
Simon, F. B. (2015). Einführung in Systemtheorie und Konstruktivismus (2. Aufl.). Heidelberg: Carl Auer.
Weisbord, M., Janoff, S. (2011). Einfach mal Nichts tun! Zehn Leitsätze, mit denen jedes Treffen etwas Besonderes wird. Berlin u. Bonn: Westkreuz.
Yalom, I. (2010). Der Panama-Hut oder Was einen guten Therapeuten ausmacht (erw. und aktual. Ausg.). München: btb.